El sufrimiento es parte del liderazgo

Las 7 Cicatrices del Líder

Dío Astacio

Las 7 Cicatrices del Líder

por Dío Astacio

Edición revisada - junio, 2012
Editorial RENUEVO

ISBN: 978-1-937094-12-6

Publicado por
Editorial RENUEVO
www.EditorialRenuevo.com
info@EditorialRenuevo.com

A todos los líderes del mundo,
sobre todo a aquellos que
han sido heridos.

Agradecimientos

A mi amada esposa Evelyn, por soportar todo el tiempo que le robo mientras escribo, y por ser parte de este proyecto, logrando que llegue a los lectores con la menor cantidad de errores posible.

A cada una de mis hijas: a Melody, por ser la correctora de las correcciones, y porque a su corta edad ya es toda una escritora. A Daniela y Camila, por forzarme a detener la escritura para darles un abrazo, lo cual me hace más humano.

A mi madre, por transmitirme el deseo de comunicar mediante la palabra escrita, y a mi padre, por ser un ejemplo de mansedumbre y paciencia.

A mis hermanos compañeros de viaje y camaradas de odiseas.

A todos mis primos y tíos, en especial a Manuel Pacheco, quien partió con el Señor en el transcurso de la publicación de este libro.

A Juana, por todos los tés calientes en las mañanas.

A todo el equipo de la oficina, por ser de gran ayuda para el trabajo.

A todos los hermanos de mi congregación y del Concilio Alianza Cristiana y Misionera, que han sido la cuna de mis enseñanzas.

A todos mis amigos.

De manera muy especial, a mi Señor Jesucristo, mi única fuente pura de inspiración. ¡A Él sea toda la gloria!

Índice

Introducción 11

Capítulo 1 - La Cicatriz del PERDÓN 17

Capítulo 2 - La Cicatriz del VALOR 39

Capítulo 3 - La Cicatriz de la PACIENCIA 57

Capítulo 4 - La Cicatriz de la ORACIÓN 71

Capítulo 5 - La Cicatriz de la JUSTICIA 87

Capítulo 6 - La Cicatriz del SILENCIO 107

Capítulo 7 - La Cicatriz de la HUMILLACIÓN 119

A modo de conclusión 141

Introducción

En una reunión de jóvenes rescatados de la violencia, un jovencito preguntó: «*¿Quién es el pastor aquí?*» De inmediato el pastor se hizo sentir y levantó la mano. *El joven se quitó la camisa y le dijo: «Ustedes hablan de lealtad. Quiero enseñarle esta cicatriz; esta es una herida de bala que me hicieron cuando traté de rescatar a mi amigo. ¿Ve esta otra? Me la hice con un objeto cuando intervine para evitar que hirieran a uno de mis compañeros. Mi cuerpo está lleno de cicatrices. Yo puedo hablar de lealtad, de amor por el otro... ¿Podría usted enseñarme las cicatrices que muestran su amor por los demás?*» (Parafraseado de una historia contada por Jeffrey de León [Conferencia COICOM 2010])

Esta historia nos confronta; sin embargo, las cicatrices del líder muy pocas veces son visibles. La mayoría están muy profundas y sólo él puede conocerlas.

Cuando estamos en posiciones de liderazgo, es inevitable recibir heridas. Algunas heridas serán tan profundas que nos dejarán sin el deseo de continuar en la batalla. El líder se levanta, se cura y sigue adelante. Esta es la razón por la que está lleno de cicatrices. Cada herida que sana, lo fortalece, y mientras más grande es su liderazgo, más profundas serán sus heridas. Jesús, por ejemplo, fue el líder más lacerado que ojos humanos hayan podido ver, pero, a pesar de las heridas, no perdió Su visión y Su firme propósito de seguir adelante con el proyecto hacia la cruz.

Una de las escenas más conmovedoras de la vida de Jesús

es aquel momento en que uno de Sus discípulos lo había negado tres veces. Él le preguntó: «*Pedro, ¿me amas?*». *(Juan 21:16)* Al profundizarnos un poquito en este pasaje, notaremos varios puntos importantes: en primer lugar, Jesús no está irritado; todo lo contrario, habla con una voz amorosa y ecuánime. En segundo lugar, no hace reproches del pasado inmediato; Él se mantiene orientado al futuro, por eso le dice a Pedro: «*Si me amas, pastorea mis ovejas*». *(Juan 21:16)* En tercer lugar, notará que Jesús busca, más que un reclamo: busca crecimiento y sanidad para Pedro de la herida del temor. Claramente podemos ver que Jesús no tenía heridas en Su corazón; ya las había cicatrizado con el perdón.

En este libro vamos a ver a siete cicatrices en la vida de un líder. Para ello, primero que todo, debemos definir lo que significa la palabra *cicatriz*: 'Forma en que el cuerpo sana y reemplaza la piel perdida o dañada'. *(Diccionario Pequeño Larousse 2005)* Pareciera una palabra desagradable, pero con el tiempo hablamos de las cicatrices como un sinónimo de sanación; lo hacemos con gratitud, pues ellas nos recuerdan cómo superamos los momentos más difíciles de nuestra vida, cómo sobrevivimos a esas heridas, las que ahora no son parte de nuestro dolor.

El soldado que va a la guerra y regresa, puede hablar de sus cicatrices, y sobre cada una de ellas tendrá una experiencia que contar. La cicatriz nos enseña por dónde no debemos pasar y nos ayuda a perder el miedo; nos hace ser precavidos en cosas en las que antes éramos descuidados. Veamos en resumen las siete cicatrices del líder.

Nº 1 — La Cicatriz del PERDÓN

Es poco probable que un líder de éxito sobreviva felizmente, si no aprende a perdonar. Todos los días un líder recibe sorpresas de las personas que lo rodean. De hecho, las sorpresas más impresionantes se reciben de las personas que más amamos. Si el líder no aprende a perdonar, terminará con heridas abiertas. Estas heridas no lo dejarán avanzar.

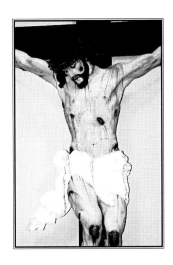

Nº 2 — La Cicatriz del VALOR

Las personas viven llenas de miedos y el miedo es una herida causada por un golpe en nuestra vida. Cuando llegan cosas grandes a nuestra vida, que nos asustan y nos amenazan, allí es probado nuestro valor.

A veces el miedo nos vence. Llega el día en que decidimos enfrentar la situación y nos ponemos de pie frente al gigante; aprendemos que no importa cuán grandes sean los enemigos, el valor nos da fuerzas para sanar la herida del miedo.

Nº 3 — La Cicatriz de la PACIENCIA

La impaciencia produce muchas heridas. El actuar de manera desbocada y acelerada produce cientos de errores. Con el

tiempo nos damos cuenta de que no logramos nada bueno por la impaciencia y entonces empezamos a ser más pacientes. Warren E. Buffet, uno de los más ricos empresarios estadounidenses y CEO de Berkshire Hathaway Inc., expresa que, como inversionista, uno de sus mayores retos es tener paciencia ante todas las ofertas que llegan a su vida. A veces nuestros contrarios nos van a provocar frontalmente, pero el líder maduro manejará las provocaciones y caminará sobre ellas, sin que esto le afecte, porque lleva en su cuerpo marcas que le recuerdan las consecuencias de la impaciencia.

Nº 4 — La Cicatriz de la ORACIÓN

Cuando todo parece que se ha perdido, cuando ya nuestras fuerzas no son suficientes, aprendemos que hay algo de mayor poder y con más sabiduría que nosotros: la oración. Al orar a nuestro Señor Jesucristo, podemos sanar muchas heridas como la soberbia, la arrogancia, la

rebeldía y la traición. En este capítulo vemos la vida de un hombre cuya mayor virtud, la virtud de orar, fue lo que lo llevó a ser condenado a muerte, pero por esta misma virtud fue sacado de en medio de la muerte.

Nº 5 — La Cicatriz de la JUSTICIA

Cuando usted dirija, siempre tendrá dos grupos: los hijos 'buenos' y los hijos 'malos'. Unos y otros son suyos. El gran dilema es poder ser justo y dar a cada uno lo suyo, sin romper la relación. Luego de cometer un error tras otro y de recibir profundas heridas, uno se da cuenta de que ser justo no es una tarea fácil, por lo que, el líder tendrá que invertir mucho tiempo para hacer justicia y aprenderá que, al tratarse de hijos, no podemos calificarlos de buenos o malos, sólo de hijos.

Nº 6 — La Cicatriz del SILENCIO

¿Cuánto pagamos por una palabra descompuesta? ¿Cuánto trabajo nos ha costado reponer una relación perdida, por una conversación con la persona equivocada? Aprendemos, después de tantas heridas, a ser discretos y reservados, a medir la trascendencia de aquello que decimos. Por eso el silencio se convierte en una cicatriz que nos recuerda el costo de una palabra. La Biblia dice: «*Aun el necio, cuando calla, es considerado como sabio*». *(Proverbios 17:28)*

Nº 7 — La Cicatriz de la HUMILLACIÓN

En principio todos nos sentimos ser personas humildes. Sin embargo, ser humilde puede ser una fachada. Lo que realmente nos hace humildes es la capacidad de humillarnos. Esto es sumamente doloroso y, más que una prenda de vestir, es una cirugía moral sin anestesia. Aprenderemos que si queremos tener relaciones duraderas, tendremos que humillarnos constantemente. Eso aplica para todas las áreas de nuestra vida: la iglesia, el matrimonio, los trabajos, los amigos...

Espero que el presente escrito ayude en abundancia el liderazgo del lector y que pueda tener un renacer que le permita renovar sus fuerzas por los próximos 40 años de ministerio.

Dío Astacio

LA CICATRIZ DEL
PERDÓN

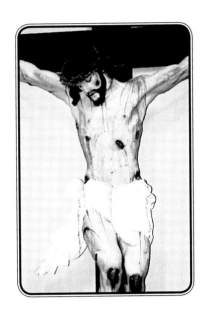

"Los que aman, viven del perdón."

Anónimo

Capítulo 1

La Cicatriz del PERDÓN

"Los que aman, viven del perdón."

Anónimo

—¿*Dónde estoy?* —*preguntó el joven.*

—*Estás en Egipto; ahora eres esclavo.*

—*¡No puede ser! Soy el hijo preferido de mi padre, el más pequeño y preciado entre mis hermanos. ¡Esto tiene que ser una pesadilla!*

—*Lo siento hermano, tu vida cambió; ahora eres simple y llanamente un esclavo. Acostúmbrate no hay vuelta atrás.*

Hay momentos en los que nuestra vida cambia radicalmente, en fracciones de segundos. Lo peor es que en muchas ocasiones, lo sucedido tiene que ver con personas muy cercanas, de quienes nunca esperaríamos ningún tipo de herida. En el liderazgo es así; las heridas más profundas suelen venir de personas muy cercanas.

—*¿Quién es ese?* —*preguntaban los demás esclavos.*

—*Ese es un hebreo; lo compró el amo en el camino. Se dice que fue vendido por sus propios hermanos a unos mercaderes.*

—*¡Ha de ser muy malo para que sus propios hermanos le hicieran esto! Míralo, quien lo ve, lo compra.*

Y eso fue precisamente lo que hizo Potifar: lo compró. Compró a José, quien había sido vendido por sus hermanos a unos madianitas.

Ahora, ayúdeme a recrear esta escena: Sus propios hermanos lo traicionan e intentan matarlo. Luego de mucha discusión lo lanzan en un hoyo y, por compasión, deciden venderlo como esclavo. Allí, bloqueado por el dolor, sin entender lo que está ocurriendo, no cesa de repetir la siguiente frase: «*Esto no me puede estar pasando a mí. ¡No me lo merezco!*»

El líder debe tener un zafacón para ofensas, de lo contrario se llenará de basura.

Pues bien, querido amigo, lamento comunicarle que estas cosas sí pueden pasar. Puede pasar cuando mejor nos sentimos en nuestro trabajo como líderes; en ese momento en el que las cosas van bien desde nuestro punto de vista. Hemos hecho el mayor esfuerzo y estamos plenamente entregados a nuestra labor. La trayectoria con el equipo muestra resultados extraordinarios. Desde nuestra óptica, es el mejor momento del equipo; sin embargo, en ese preciso momento, un golpe frío en la nuca nos despierta y la gente nos dice: «*Las cosas no son como usted piensa; queremos que se vaya*».

De niño mimado a esclavo sudado

—*De veras que no entiendo —diría José en su nueva vida de esclavo.*

—*¡Así me gustan los esclavos!, que no entiendan nada —diría Potifar.*

El punto es que José, de ser un niño mimado por su padre y el más considerado entre todos, pasó a ser un joven esclavo en un país lejano. Pasaron los días y José se integró al trabajo. Al cabo de algunos años se convirtió en el mejor esclavo; su desempeño permitió que un día lo nombraran mayordomo de la casa de Potifar. «*Mas Jehová estaba con José, y fue varón próspero; y estaba en la casa de su amo el egipcio.*» *(Génesis 39:2)*. Si usamos la imaginación para traer a este momento una conversación de José consigo mismo, tendríamos algo como esto: «*Aquí es donde debo estar. He sido un hombre bueno, me he portado bien, merezco la cima y le puedo demostrar a mis hermanos que soy superior a*

21

ellos en cualquier lugar donde me den la oportunidad.»

Cuando somos traicionados, lo normal es que regresemos con mayor fuerza y con un alto grado de insensibilidad al medio exterior. Al hacernos menos sensibles, muchas veces pasamos por alto valiosos detalles en el ánimo de los demás. Nuestra tolerancia a la traición es una prueba. Cuando no superamos una prueba lo lógico es que el maestro la repita. Dios nos prueba en busca de nuestra propia perfección. Si no logramos superar este proceso, él repite la prueba hasta que aprendamos a perdonar. Veamos a continuación lo que pasó con José en este sentido.

Segunda prueba de José

La primera prueba de José, vino de parte de sus hermanos, quienes lo vendieron como esclavo. La segunda vino de una persona honorable, alguien de gran prestigio. Era casi imposible que por su nivel y condiciones pudiera hacer algo inmoral, pero esta es otra muestra de que en el liderazgo, las sorpresas vienen de donde menos las esperamos.

José era el hombre más confiable de Potifar; éste le había abierto las puertas de su casa y le había dado posición de mayordomo *(Génesis 39:4)*. La esposa de Potifar era una mujer a quien José le tenía un sumo respeto; también, era su jefa. Posiblemente tendría una gran interacción con la señora, ya que ella pasaba más tiempo en la casa que su esposo Potifar. Sin embargo, aquella honorable dama sorprende a José con esta conversación:

«Estoy muy sola. Potifar se la pasa viajando, y tú sabes que estoy sola. ¡Necesito compañía! ¿Por qué no me acompañas? ¿Por qué no te acuestas conmigo?» (Génesis 39:10 Paráfrasis del autor.)

José se queda estupefacto; no puede creer lo que está oyendo. En breves segundos había vivido el momento de mayor presión en su vida. Turbado por la conversación, hace lo que entiende es más correcto: sale huyendo, sin rumbo y sin camisa, en vista de que la dama le había arrebatado su prenda de vestir en el violento acoso. Nadie sabe lo que ha pasado, pero ciertamente un hombre que huye semidesnudo, puede levantar muchas sospechas. Al otro extremo se escucha un escándalo. Es la voz de la señora de la casa, quien vocifera desesperadamente: *«¡Han intentado violarme! ¡José ha intentado violarme!». (Génesis 39:14)* José huyendo y la dama gritando dan un cuadro perfecto para una acusación de intento de violación. Esta acusación tendría varias agravantes: primero, el violador era un hombre de confianza de la casa; en segundo lugar, la mujer era casada; en tercer lugar, el hombre era un extranjero y, por último, era un esclavo. Todo esto se complementaba con pruebas concretas, hechos visualmente coherentes y testigos muy confiables. En este caso no había mucho que buscar.

A nivel de liderazgo, las cosas no son lo que son; son lo que aparentan ser.

Llega la prensa

La 'deshonrada señora' llamó al público e hizo una rueda de prensa sobre un intento de violación. Como prueba presentó *la camisa de José*. Se confirmaron los hechos —había salido huyendo— y todos se hicieron una conclusión. Pasaron las horas y llegó el dueño de la casa. No hay juicios, no hay nada que investigar, la culpabilidad apuntaba a José. *(Génesis 39:19-20)*

SUPERANDO LA PRUEBA DE TOLERANCIA

Limpiando la cárcel, limpiando el corazón

José va a la cárcel y tal cual pasó cuando lo vendieron como esclavo, ahora vuelve a ser el último en la fila; vuelve a cero. Después de hacer lo correcto, de ser el mejor empleado, ahora está recluido en una celda, sin posibilidades humanas de salir de aquel desafortunado lugar.

Llegó a la cárcel aturdido por los azotes que le infirieron. Supongo que se sentaría a descansar de todos los maltratos que recibió antes de ser encarcelado. Allí, herido por fuera y destruido por dentro, su frase repetida sería: *«¡No es justo, no es justo! No me lo merezco, lo he hecho bien. He sido una buena persona. ¡Esto no me puede estar pasando a mí!»*

No obstante, José se hace obediente a otro jefe y le sirve con alegría.

Pero Jehová estaba con José y le extendió Su

misericordia, y le dio gracia en los ojos del jefe de la cárcel. (Génesis 39:21)

Intentemos recrear lo que ocurrió en aquella prisión: Con el paso de las horas, el dolor empieza a atenuarse y el frío de la mañana lo despierta. Entre la luz y la sombra, la basura, el estiércol, rodeado de sus compañeros de celda, quizás mofado por algunos, sin una esposa que lo visite, ni una madre que se preocupe, sin hermanos y sin padre, sin amigos ni compadres, José pasaba por el momento más amargo de su vida. En la profundidad de su pena, arroja la mirada hacia las mugrientas paredes de la prisión y, a lo lejos, divisa una escoba. En medio de dudas y razonamientos, José la toma y empieza su proceso de sanidad.

¿Habría deseos de confiar en alguien? ¿Quedarían fuerzas para seguir adelante? ¿Existiría alguna razón para estar motivado? Sin embargo, por encima de todo eso, José se aferró a su escoba como un niño a un juguete nuevo. Empezó a limpiar la cárcel; su dolor, sus lágrimas, su ira, su angustia y sus interrogantes las descargó sobre aquella escoba. Barrería cada rincón de la celda, limpiaría cada escombro y se convertiría en el preso de mayor confianza. El espíritu de Dios estaba con él; por eso lo inspiró a servir, porque servir sana el alma.

El ejemplo del maestro

Cuando Jesús iba a ser crucificado, antes de celebrar la última cena, él buscó un lebrillo, se puso la toalla en la cintura y lavó los pies a sus discípulos. *(Juan 13:5)* En medio de toda su angustia, su mejor decisión fue la de servir a otros. La sanidad llega después del servicio. Perdonar es una acción, más que una emoción. Usted puede decir que perdona, pero si no actúa en consecuencia, sirviendo a los demás, —sobre todo a aquellos con los que no se siente muy cómodo—, lamento decirle que el perdón podría quedarse en su mente y no llegar al corazón. De hecho, me atrevería a decir que usted puede empezar a servir y luego el servicio le ayudará a perdonar y a curar.

El líder tiene muchas oportunidades para perdonar

La relación de heridas entre los líderes y sus seguidores es de cien a una. Son abundantes las oportunidades que el líder tiene para ser ofendido. Si deja que cada herida siga con él, llegará un momento en el que simplemente no podrá seguir adelante, o se convertirá en un tirano, un ser humano insensible e indiferente al dolor de otros. Nuestro trabajo en el liderazgo es muy parecido a un encantador de serpientes; el encantador sabe que algún día será mordido y, por eso, siempre guarda su antídoto cerca, y cuando es mordido no se sorprende, simplemente se aplica la cura y sigue adelante; eso es parte de su trabajo, las mordidas son parte de su vida, como las heridas son parte del líder.

José muestra que está sano

Mientras cumplía su condena, que era indefinida, en lugar

de ser una persona amargada, José empieza a crecer como ser humano y como líder. Dios pone en él un espíritu de superioridad, pero, ¿sabe usted lo que significa un espíritu de superioridad? Significa un espíritu de servicio. El servicio es *'el perdón hecho práctico'.*

Ciertamente las personas que no sirven a los demás, en algún sentido están heridas y sienten que la vida les debe algo. Ellas creen que no vale la pena servir, lo cual ocurre por dos razones básicas: o por estar muy heridos o por haberse criado en un ambiente donde ellos fueron servidos por otros de tal forma que piensan que los demás están obligados a servirles. Eso también es una herida, *la herida de la arrogancia.*

Hace unos días una maestra de un colegio privado de clase alta me contó cómo los niños de ese colegio se burlan de los maestros en su cara y los subestiman por ser económicamente inferiores. Ella llevó los niños a una excursión para relacionarse con niños pobres, y se burlaban de aquellos. Les tiraban monedas al suelo y disfrutaban cómo los pequeños se golpeaban unos con otros por alcanzarlas. Esto es criar a nuestros hijos heridos por la arrogancia y la insensibilidad.

¿Cómo sabemos que José estaba sano? Por su comportamiento en la siguiente situación: mientras estaba en sus labores de líder de la cárcel, trajeron dos altos funcionarios del palacio. José observó la tristeza de aquellos hombres; no se alegró; se preocupó y les preguntó: «*¿Por qué están tristes?*» *(Génesis 40:7)* José no sólo se interesó por ellos, sino que les dedicó tiempo, pues ambos habían tenido un sueño y necesitaban un experto que les dedicara tiempo a escuchar e interpretárselos. Así es que José se tomó su tiempo para escuchar.

Esto es serio. ¿Sabe lo que hace un líder herido? Cada día presta menos atención al dolor ajeno. José se tomó su tiempo y, con calma, los escuchó y les interpretó el sueño a cada uno. Al otro día a ambos funcionarios les ocurrió lo que José les había profetizado; sin embargo, el jefe de los coperos, que había sido el de mayor fortuna, se olvidó de José. José por su parte continuó en la cárcel, pero ahora mostraba que no hacía las cosas esperando que alguien le devolviera el favor. Él ya había cicatrizado sus heridas con el perdón.

El líder sano toma tiempo para escuchar a la gente

Cuando los líderes tenemos heridas, solemos dar duros consejos y hacer sentir débiles a quienes están en dificultad. Les exigimos que sean tan fuertes como nosotros. Nuestro vocabulario se llena de frases como estas: *«Yo me he hecho trabajando, a mí me ha costado mucho llegar hasta aquí». «Yo no tengo que ver con eso.» «¡Ese no es mi problema!» «Si lo hizo mal, que pague el precio.» «Le daré un castigo para que aprenda.»* Esa reacción provoca que las personas cercanas a nosotros sientan mucho temor de acercarse cuando nos necesitan. Sin darnos cuenta, nos convertimos en seres arrogantes y de poca influencia en el interior de las personas. Si tomamos en cuenta que el líder es aquel que ejerce influencia sobre otros *(John Maxwell, Las 21 Leyes del Líder)*, y que el tener una vida llena de dolor y resentimientos reduce nuestro nivel de influencia en las personas, y por tal motivo las personas sólo nos servirán por temor, compromiso, necesidad o interés, lo que quiere decir que su permanencia a nuestro lado es cuestión de tiempo.

LA RECOMPENSA DEL PERDÓN

Mucho tiempo después de que el jefe de los coperos saliera de la cárcel, el faraón de Egipto tuvo un sueño. El rey estaba muy preocupado por lo que soñó, y era tan complejo que nadie podía interpretarlo. Entonces el copero le dijo al faraón: *«Conozco a un joven hebreo que está en la cárcel y nos interpretó los sueños a mí y al jefe de los panaderos, y ocurrió tal como lo había interpretado».* *(Génesis 41:9-13)* ¡Por fin alguien se acordó de José!

El faraón mandó llamar a José, lo vistieron y lo llevaron al palacio. El monarca lo recibió en su lujosa oficina y le contó el extenso y complicado sueño. Luego de escucharlo detenidamente, José interpretó el sueño.

El rey quedó impresionado con su sabiduría. Su interpretación era lógica y posible. El sueño se resume en lo siguiente: La nación de Egipto pasaría siete años de abundancia y siete años de escasez. *(Génesis 41:29-30)* José le advirtió al faraón que esto exigía un cambio en la visión y que tendría que transformarlo todo. Se necesitaba de un plan estratégico para que aquella predicción no le hiciera pasar un amargo momento a la nación egipcia. José le explicó al faraón y su corte que se requería de un líder que ejecutara aquel plan, un hombre sabio, trabajador, automotivado y capaz de trabajar con otros.

El faraón dijo: «*¿Acaso hallaremos una persona como ésta, en quien repose el Espíritu de Dios?*». Luego dijo a José: «*Puesto que Dios te ha revelado todo esto, no hay nadie más competente y sabio que tú. Quedarás a cargo de mi palacio; todo mi pueblo cumplirá tus órdenes; sólo yo tendré más autoridad que tú, porque soy el Rey*». *(Génesis 41:38–40)*

En un solo día, la vida de José cambió para siempre, ahora de manera positiva. De la misma manera que una herida cambia tus días y tu futuro, la cicatriz del perdón puede restaurarte y pagarte todo lo que te han quitado, incluso con sus intereses acumulados, poniéndote en lugares privilegiados donde nunca pensaste estar.

Perdonar es renunciar a nuestro derecho de vengarnos.

Si usted fuera José, ¿qué haría con las siguientes personas?: el jefe de los coperos que lo había olvidado; Potifar, que lo encarceló injustamente; la esposa de Potifar, que lo calumnió; sus hermanos, que lo vendieron como esclavo? Si siente el deseo de vengarse, es porque tiene heridas abiertas. Si José, en lugar de trabajar, se concentrara en la venganza, habría fracasado como líder.

Hay un ejemplo en la política contemporánea que nos ilustra eso. Es el caso de Nelson Mandela, quien salió de la cárcel, luego hizo política y fue electo presidente de su país.

Él tenía dos opciones: gobernar o perseguir. Hizo lo

correcto, se dedicó a gobernar, lo cual lo convirtió en un ser humano más admirado y conservó el prestigio que había ganado. Uno de los retos más grandes del líder es contenerse de la venganza cuando tiene la oportunidad de hacerlo. Perdonar es renunciar a nuestro derecho y oportunidad de venganza.

Cuando perdonamos, Dios entra en acción y ejecuta el plan que tiene con nosotros. ¿Habría sido José gobernador de Egipto si no fuese vendido por sus hermanos? ¿Habría sido el segundo hombre más poderoso de una nación, si no se hubiera detenido a escuchar a dos hombres tristes?

El perdón es la llave que nos lleva al siguiente nivel. José fue perdonando cada acción y, siempre que lo hizo, estuvo en un lugar superior. Cada herida fue un paso para su crecimiento. Él creyó en un Dios que puede convertir las peores heridas en las mejores cicatrices.

LAS TRES SEÑALES DE QUE LLEVAMOS LA CICATRIZ DEL PERDÓN

Nº 1 — No esperar que lo consulten para todo

En nuestra relación con las personas, podemos llegar a un nivel de tanta importancia que nos olvidamos de la fragilidad humana y empezamos a confiar más en ellas que en Dios y Su palabra, que nos dice: *«Maldito el hombre que cree en el hombre».* *(Jeremías 17:5)* Nuestra elevada autoestima nos lleva a pensar que los demás siempre nos consultarán en sus decisiones; que es imposible que asuman la libertad de pasarnos por alto. Ser un verdadero líder no evitará que algunos de nuestros seguidores tomen decisiones a nuestras espaldas. Ellos tienen derecho a experimentar y llegar por sí mismos a conclusiones, incluso a fracasar. *(Véase Proverbios 24:16.)* Las personas son libres de hacer todo lo que quieran hacer; no es nuestro rango de acción entrar a sus vidas. Dios le dio al hombre esa libertad, la de decidir su vida. *(Génesis 2:16-17)* Sólo podemos aconsejar hasta donde la palabra nos permite. En algunos casos, cuando se trata de una decisión pecaminosa, tenemos recursos bíblicos para tratar el asunto. Sin embargo, la mayoría de las decisiones no son antibíblicas, son básicamente inconsultas.

Así es que las personas podrán informarnos o no de sus decisiones y nuestra madurez se reflejará en la manera en como manejamos la situación. Estas decisiones no siempre van a ser un fracaso por el hecho de que no tengan nuestra bendición; serán un fracaso cuando Dios permita que lo sean, y serán una de bendición cuando Dios lo permita. Si las personas no nos consultan, no es una ingratitud; es su decisión, y el líder maduro aprende a manejar ambas cosas. Por eso nos toca aprender a levantar al caído, limpiar el polvo de sus rodillas y seguir adelante.

Aun a liberarlo cuando es cautivo, como pasó con Abraham al liberar a Lot. *(Génesis 14:12-16)* Algo hermoso que pasó en este caso es que cuando Abraham regresa de libertar a Lot, se encuentra con Melquisedec, quien le bendijo. *(Génesis 14:18-20)* Esto nos sugiere algo con el tema de la restauración, algo tan profundo y noble: todos debemos olvidarnos de los fracasos ajenos y concentrarnos en nuestra labor de restauración.

Aquel que ante la caída de algún seguidor saca el dedo para señalarlo y le retira el apoyo, estará reduciendo su nivel de influencia. Cuando no somos sensibles con el que ha caído, los demás colaboradores del equipo se sienten defraudados. La Biblia cuenta acerca de una discusión entre Pablo y Marcos. Bernabé se encontró en medio de ellos. ¿Con cuál de los dos decidió ir Bernabé? *(Hechos 15:39)* Afortunadamente, su sentido de restauración estaba más desarrollado que el de Pablo y, gracias al Señor, Bernabé decidió restaurar a Marcos, lo cual fue una bendición. Y esto no lo hizo sólo porque fuera su sobrino; creo que lo hizo por la misma razón que decidió buscar a Pablo en Tarso, camino a Antioquía. *(Hechos 11:25)* Luego vemos que Marcos le fue útil a Pablo para la obra. *(2 Timoteo 4:11; Filemón 1:24)*

Por eso el líder no debe esperar mucho agradecimiento y participación de las decisiones de sus colaboradores; hay muchas decisiones que ellos tomarán fuera de su consejo. De hecho, ellos sólo nos consultan las cosas sobre las cuales tienen dudas; cuando se sienten seguros, difícilmente nos consulten. Lo peor es que cuando fracasen, usted tendrá que servirles como si los hubiera aconsejado. *(Lucas 15)*

Lograr tal nivel de libertad en nuestros sentimientos no es tan sencillo, pero viene a mi memoria el momento en el que el Señor le ordenó a Ananías que le sirviera a Pablo y que lo tomara de la mano, porque él tenía un propósito con Pablo. *(Hechos 9:17)* Fíjese qué buen momento tenía Ananías para que Pablo pagara todo lo que le hizo a los discípulos, pero el propósito de Dios sobre el caído es la restauración, no la venganza.

Nº 2 — No esperamos agradecimientos

No espere que la gente se muestre agradecida de por vida; si lo hacen una vez es suficiente; lo normal es que nunca lo hagan. Es muy pretencioso esperar el eterno agradecimiento de los demás. Cuando esperamos mucha gratitud, estamos confesando algo de egoísmo, pues si realmente damos de todo corazón, llega el momento en que olvidamos lo que hemos dado y no esperamos nada a cambio. El interés tiene mucha memoria; cuando damos interesadamente, nunca olvidamos lo que hicimos por los demás, y en algún momento vamos a pasar la 'factura'. Pero el amor no pasa factura. *(Véase 1 Corintios 13.)*

Nº 3 — Damos lo dulce que tenemos por dentro

Una mujer acostumbraba barrer el frente de su casa y tirar la basura a su vecina. La víctima tomaba la basura, la ponía en un zafacón y oraba a Dios. Todos los días se repetía la misma acción. Un día aquella sabia mujer decidió hacer una torta hermosa y luego de decorarla con todo el esmero posible, la puso en una delicada caja y le anexó una carta que decía: «*Querida vecina: las personas dan lo que tienen por dentro*». Si usted no logra cicatrizar sus heridas con el perdón, lamentablemente, se convertirá en una persona amargada.

La Biblia habla de las llamadas 'aguas de Mara'. Estas aguas tenían la particularidad de que estaban amargas. «*Y llegaron a Mara, y no pudieron beber las aguas de Mara, porque eran amargas; por eso le pusieron el nombre de Mara.*» *(Éxodo 15:23)* A veces esta es la situación del líder, que está amargo, y nadie puede beber de él. Su amargura se transmite en sus palabras, sus obras, su rostro. Aunque él no lo percibe, sí lo perciben sus ovejas. El libro de Hebreos nos habla de que los pastores velan por las almas de sus ovejas y que deberían hacerlo con alegría para beneficio de la iglesia. Pero sugiere que en algún sentido el comportamiento de las personas puede hacer que no estemos tan contentos. «*Obedeced a vuestros pastores, y sujetaos a ellos; porque ellos velan por vuestras almas, como quienes han de dar cuenta; para que lo hagan con alegría, y no quejándose, porque esto no os es provechoso.*» *(Hebreos 13:17)* Esta frase de queja es lo que expresa cierto nivel de amargura. Es muy peligroso alimentar a alguien si no tenemos alegría. Algunas mujeres han tenido una experiencia negativa cuando amamantan a sus niños estresadas e incómodas. Ellas han percibido que sus hijos se molestan, incluso algunos se retiran del seno. Por eso el líder debe buscar endulzar sus aguas a fin de que todos puedan beber libremente de él, de lo contrario puede adulterar aquella leche que muchos deben buscar. *(1 Pedro 2:2)*

¿Qué hizo Moisés para endulzar las aguas? «*Y Moisés*

clamó a Jehová, y Jehová le mostró un árbol; y lo echó en las aguas, y las aguas se endulzaron.» *(Éxodo 15:25)* ¿Cuál es el único árbol que puede endulzar nuestras aguas?

Yo soy la vid verdadera, y mi Padre es el labrador. Todo pámpano que en mí no lleva fruto, lo quitará; y todo aquel que lleva fruto, lo limpiará, para que lleve más fruto. Ya vosotros estáis limpios por la palabra que os he hablado. Permaneced en mí, y yo en vosotros. Como el pámpano no puede llevar fruto por sí mismo, si no permanece en la vid, así tampoco vosotros, si no permanecéis en mí.
(Juan 15:1-4)

El único árbol que puede endulzar nuestras aguas para dar de beber al pueblo es Jesucristo; sólo en él podremos encontrar la gracia para hacer la obra. Él es quien nos ha llamado; Él es quien nos ha escogido y establecido. *(Efesios 1:3-4)*

¿Cómo nos ayuda esto?

Usted pudiera seguir adelante y olvidarse de este tema, pero lo invito a pensar en lo siguiente: nuestra vida es corta; el promedio de vida de un ser humano es de 70 a 80 años. En ese lapso, el líder recibirá una decepción tras otra. Si acumula cada ofensa, lamentablemente, se llenará de amargura. Usted no es un escorpión o una serpiente para acumular veneno. Por tanto, saque todo ese dolor de su corazón, siga adelante y será feliz.

Las marcas de la sanidad de José

La palabra 'perdón' y la palabra 'perdonar' provienen del prefijo latino *'per'* y del verbo latino *'donāre'*, que significan, respectivamente, 'a través de', y 'dar'. *(Diccionario de la Lengua Española — Real Academia Española)* Al perdonar lo que hacemos es seguir adelante y dejar el pasado. Esto fue precisamente lo que hizo José y la evidencia es el nombre de sus dos hijos.

Al cabo de los años, José tuvo dos hijos. Al primero le llamó **Manasés** *(esto es, el que hace olvidar)* para significar: *«Dios ha hecho que olvide todos los problemas de mi casa paterna».* *(Génesis 41:51 NVI)* Muchos de nuestros fracasos tienen que ver con nuestra resistencia a olvidar los problemas con nuestros ancestros. Las personas echan a sus familias la culpa de sus fracasos. Lo cierto es que la familia puede ser la que nos haya causado las heridas, pero los responsables de sanarlas somos nosotros. Nadie es culpable salvo nosotros si asumimos la actitud de no curar nuestras heridas familiares, por lo cual nos hacemos esclavos de ellas. Al segundo hijo José lo llamó **Efraín** *(que significa, fructífero)* para decir: *«Dios me ha hecho fecundo en esta tierra donde he sufrido».* *(Génesis 41:52 NVI)* El sufrimiento es el gestor de la fecundidad y de la abundancia. José no se enfocó en el sufrimiento como algo que pudiera recordar con dolor; todo lo contrario, le otorgó ese nombre a uno de sus hijos. Hizo que la cicatriz del perdón fuera práctica en la vida y en el nombre de sus hijos. Esos nombres no reflejan dolor, reflejan crecimiento, reflejan madurez. Ojalá que a nuestros problemas les pongamos el nombre de **Manasés** o **Efraín** y que podamos levantar un monumento positivo de los eventos negativos. Un monumento al gozo, en los lugares que le causaron dolor a usted. Que sus victorias se levanten en medio del sufrimiento y se cumpla la palabra de Dios en su vida, cuando dice: «*Aderezas mesa delante de mí en presencia de mis angustiadores; Unges mi cabeza con aceite; mi copa está rebosando*». *(Salmo 23:5)*

Capítulo 2

LA CICATRIZ DEL
VALOR

"Vencer el miedo será tu mayor batalla en la vida."

Dío Astacio

Capítulo 2

La Cicatriz del VALOR

Vencer el miedo será tu mayor batalla en la vida.

Dío Astacio

Cuando a los valientes se les llama intrusos

El sol brillaba en las planicies e irradiaba su resplandor con el rocío de la mañana; las aves brindaban su canto y el silencio era casi ruidoso. El ejército se preparaba para cumplir con su horario de trabajo, pues de batalla no se mencionaba nada; todos estaban intimidados, secos y aterrorizados.

Al fondo se empezaba a oír el sonido del ejército enemigo, sus tambores, sus pisadas y sus gritos de victoria.

Nadie hablaba ni se atrevía a decir una sola palabra; estaban atónitos, esperando el anochecer, para así descansar de hacer 'nada', descansar de tener miedo. A lo profundo empezó a retumbar la voz de un hombre que decía: *«¿Para qué salís a dar batalla? ¿No soy yo el Filisteo, y vosotros los siervos de Saúl? Escoged un varón de vosotros que venga contra mí. Si él pudiere pelear conmigo, y me venciere, nosotros seremos vuestros siervos; y si yo pudiere más que él, y le venciere, vosotros seréis nuestros siervos, y nos serviréis.»* *(1 Samuel 17:9)*

Goliat era un hombre que medía casi tres metros. ¿Se imagina? ¡Era un hombre inmenso! Todos estaban aterrorizados con la situación. Nadie decidía ir y enfrentar aquella mole humana. Durante 40 días ocurrió lo mismo; y nadie quiso arriesgarse.

En este caso se puede palpar en carne viva la herida del temor. Tener miedo es el pan nuestro de cada líder. Siempre hay situaciones en las que el miedo nos sobrecoge. No sabemos lo que hay detrás de la pared y somos responsables por el grupo. Cada decisión, cada compra, cada despido, encierra miedos, y es lógico, porque no sabemos con exactitud cuáles van a ser las consecuencias de nuestras decisiones.

El temor es una respuesta natural que Dios ha puesto en nosotros cuando está amenazada nuestra integridad física o psicológica. Valor no es ausencia de temor; es vivir por fe y hacer lo bueno frente a objetivos ilegítimos de temor. El temor de Dios es el principio de la sabiduría y es el único que puede dominar a los demás temores. Detrás de todo temor irracional hay una mentira que es necesario identificar. *(Neil T. Anderson, <u>Los Pasos Hacia la Libertad en Cristo</u>, pág. 19, Editorial Unilit 2005)*

El haber tenido que enfrentar con responsabilidad el miedo y las consecuencias de no haber actuado con firmeza en determinadas ocasiones hacen que el líder de éxito complete su sanidad con la cicatriz del valor.

David pertenecía a una familia numerosa. Sus hermanos habían ido a la guerra. Por ser el más pequeño de la casa, no podía enrolarse en el ejército. *(1 Samuel 17:33)* El ejército de Israel estaba en guerra contra los Filisteos, así que, el pueblo, los familiares y los campesinos, suponían que los soldados estaban ocupados en la batalla; nadie estaba al tanto de que todo el ejército estaba acobardado ante la presencia de un hombre que le vociferaba todos los días: ¡Cobardes!

¿Cuáles son los gigantes que gritan a su vida estas mismas palabras? ¿Cuáles gigantes está viendo como imposibles de vencer?

En el valle de Elá, donde se encontraba el campamento, todas las mañanas y al atardecer, se oía el mismo discurso, pero nadie se atrevía a decir nada. ¿Quién sería capaz de desafiar a tal gigante? Ni los altos militares ni el rey tenían una salida al problema. Durante cinco semanas y media los israelitas soportaron las burlas de los filisteos.

El rey Saúl también se encontraba en el campamento. A propósito, la Biblia se refiere a él de la siguiente manera: *«En la tribu de Benjamín había un hombre, muy respetado, cuyo nombre era Quis hijo de Abiel, hijo de Zeror, hijo de Becorat, hijo de Afía, también benjaminita. Quis tenía un hijo llamado Saúl, que era buen mozo y apuesto como ningún otro israelita, tan alto que los demás a penas le llegaban al hombro.»* (1 Samuel 9:1-2)

A pesar de ser un hombre más alto que todos los israelitas, Saúl no hizo el menor intento por enfrentar a Goliat. Así que la posición más cómoda para el líder de los israelitas era esconderse y decir: *«Yo debo estar aquí; este es mi lugar. Si salgo a la batalla, pongo el pueblo en riesgo; si salgo a pelear y me vencen, habré perdido mi reinado, mi posición y mi prestigio».* ¿Qué le parece? Personalmente, no creo que un rey cobarde sea alguien que tenga mucho prestigio entre sus soldados.

Como los hermanos de David habían ido a la guerra, el padre les envió provisiones y alimento. *(1 Samuel 17:17)* También envió diez quesos al comandante del batallón. Estaba muy interesado en saber si se encontraban bien, por eso le pide a su hijo David que investigue sobre la situación.

Observando este cuadro a profundidad, me pregunto sobre los *diez quesos* que le fueron enviados al comandante, mientras que, a sus hijos sólo les envió panes y trigo. Posiblemente el padre de David estaba pidiéndole de forma indirecta que tenga consideración de sus hijos, como quien diría: *«No me los pongas delante del batallón, ponlos en una parte de poco riesgo.»* ¡Un rey con miedo, un ejército con miedo y un pueblo con miedo!

El miedo paraliza a las personas; no los deja avanzar. Cuando Pedro negó a Jesús tres veces, lo hizo por miedo. Pero su resultado fue ¡traición e ingratitud! El miedo hace que las personas mientan; el miedo impide que las personas sean auténticas, y un líder que no es auténtico tiene un liderazgo débil y sus seguidores también se debilitan. Por eso *Shakespeare* dijo: «*De lo que tengo miedo es de tu miedo*». Y *Giacomo Leopardi* dijo: «*No temas ni a la prisión, ni a la pobreza, ni a la muerte. Teme al miedo*». Y es que cuando un líder está herido por el temor, sus conquistas serán muy escasas, pobres y casi inexistentes.

Transformando el ambiente

El miedo es algo tan profundo que viene con nosotros desde nuestra niñez. Algunos padres crían a sus hijos con muchos temores: temor a la muerte, temor a las personas, temor a los resultados, en fin, temor a todo.

Hace unos días fui al parque de diversiones con mis hijas. Nos montamos en todo lo que ellas deseaban y, gracias a Dios, las vi sin ningún temor. Se veían libres, y eso me agradó. En cambio, vi padres sobreprotegiendo a sus hijos; no los dejaban subir a ningún tipo de aventura y ellos tampoco presionaban para hacerlo. La razón de esto es que muchos padres han crecido con la herida del miedo y siguen traspasándola a sus hijos, formando una generación cobarde cuyo miedo se extenderá a las generaciones siguientes, hasta que alguien sea curado y esta herida cicatrice con *valor*.

Acontecimientos traumáticos en la vida de algunas personas les han provocado esta herida del miedo, generando en ellos temor del futuro inmediato. No hacen nada que sientan que sea peligroso; tienen temor de lo que pudiera acontecer. Cuando aparece un 'Goliat', ellos simplemente hacen lo posible por esconderse y esconder a todos sus seres queridos. Por eso, el padre de David prefería que sus hijos no estuviesen al frente de la batalla, y por eso sus hermanos advierten a David: ¡Mucho cuidado con meterte en este asunto!

Siguiendo con el relato, David es enviado al campamento para llevar su encomienda. Sale de mañana y luego de ordenar sus asuntos con las ovejas, llega al campamento y rápidamente entrega lo que se le había mandado al comandante. De inmediato, se dirige al campo de batalla a preguntar por sus hermanos. Al encontrarlos, empezó a conversar con ellos. De repente Goliat comienza a vociferar aquello que tenía 40 días diciéndole a todo un ejército. En esta ocasión, algo distinto se movía en el ambiente. Y como dice la Biblia: *«Las oyó David»*. *(1 Samuel 17:23)* Bastó que David escuchara las palabras de Goliat para que se produjera un cambio.

Probablemente, David había sido un miembro menospreciado entre sus hermanos. Por ser el más pequeño, Isaí su padre lo tenía haciendo un trabajo distinto a los demás hijos. Incluso, si seguimos bien la historia, veremos que cuando Samuel estaba buscando al sustituto del rey Saúl, fueron llamados a la presencia de Samuel todos los hijos, menos David, porque estaba cuidando ovejitas. *(1 Samuel 16:11–12)* No obstante, David llevaba sobre sí la cicatriz del valor, y al escuchar a Goliat, que se dirigía al pueblo con tal burla, David preguntó a los que estaban con él: *«¿Qué dicen que le darán a quien mate a ese filisteo y salve así el honor de Israel? ¿Quién se cree este filisteo pagano, que se atreve a desafiar al ejército del Dios viviente?»* (1 Samuel 17:26 NVI) Algunos le respondieron a David acerca de la recompensa que el rey Saúl otorgaba por vencer a Goliat, pero uno de los hermanos de David lo escuchó conversar y dice la Biblia: *«Eliab, el hermano mayor de David, lo oyó hablar con los hombres y se puso furioso con él. Le reclamó: "¿Qué has venido a hacer aquí? ¿Con quién has dejado esas pocas ovejas en el desierto? Yo te conozco. Eres un atrevido y mal intencionado. ¡Seguro que has venido para ver la batalla!"».* (1 Samuel 17:28 NVI) Esos hermanos de David representan el mundo que se opone a usted y que le ha dicho una y otra vez que no tiene talento para ello. David se apartó de sus hermanos, pero siguió haciendo preguntas. Era tanto el temor en el campamento, que muchos notaron el interés de este diminuto joven. Así que fueron a contarle al rey Saúl acerca de David. De inmediato David empezó a perfilarse como un líder; pues cuando se está rodeado de cobardes, aquel que tiene un poco de valor y coraje se convierte en el líder.

Saúl recibió a David en su tienda real, y quiso convencerle de que no hiciera eso, por la juventud y estatura, en relación a su oponente. ¡Es en este momento, cuando llegan a la boca de David las palabras más importantes de este capítulo! David muestra la cicatriz del valor y dice: *«A mí me toca cuidar el rebaño de mi padre. Cuando un león o un oso viene y se lleva una oveja del rebaño, yo lo persigo y lo golpeo hasta que suelta la presa. Y si el animal me ataca, lo sigo golpeando hasta matarlo. Si este siervo de su majestad ha matado leones y osos, lo mismo puede hacer con ese filisteo pagano, porque está desafiando al ejército del Dios viviente».* *(1 Samuel 17:34-36)* Supongo que David le enseñaría las marcas de los dientes en su cuerpo y señalaría las cicatrices provocadas por aquellas peleas, diciendo al rey: *«Esta es de león y esta otra de oso. No tengo miedo, el miedo lo dejé en el campo».* David conocía el valor. ¡Dios se lo infundió! Por eso dijo: *«El Señor, que me libró de las garras del león y del oso, también me librará del poder de ese filisteo».* *(1 Samuel 17:37)*

Levantando la moral de un ejército atemorizado

El campamento ahora estaba animado. ¡Al menos tenía un 1% de probabilidades de derribar al gigante! Cuando la confianza está en un 100% negativo, llevarla al 1% positivo es mucho. A pesar del pesimismo colectivo y del temor de sus hermanos, David decidió ir a enfrentar a Goliat, y eso lo convirtió en un líder, aún sin ir a la batalla. Este acto levantó la moral de un ejército atemorizado. *«Si este jovencito puede enfrentar a un gigante, nosotros podremos enfrentar al ejército».*

La cicatriz del valor permite que llevemos ánimo donde hay pesimismo; permite que levantemos al que se siente perdido y que le mostremos lo mucho que falta por recorrer. Con ella, el líder pone en alto la bandera y hace que la tropa que iba en estampida, se dé vuelta a la batalla.

El liderazgo requiere toma de decisiones. Cada decisión implica riesgos, a veces leves, pero en ocasiones muy severos. El líder herido nunca toma decisiones arriesgadas. Recuerdo a un amigo al que le gustaba pintar el local de su pequeña empresa y cuando alguien le decía que el color no le gustaba, él de inmediato lo cambiaba. Consultar a otros no tiene nada negativo, siempre que se haga antes de tomar la decisión. Una vez tomada esta decisión, el líder debe tener el coraje para mantenerla, en vista de que, aun cuando el equipo lo presione, está probando su determinación. Si usted cede y se retracta, ellos verán en usted a una persona insegura e inconstante. Desde luego, esta regla tiene sus excepciones: en ocasiones tendrá que retractarse, pero le recomiendo, a menos que sea estrictamente necesario, que evite hacerlo. Cuando el equipo se ve trabajando con un líder indeciso, pierde todo entusiasmo y su sentido de compromiso va al suelo. Ellos temen que lo que se está haciendo ahora, mañana podría no ser; así que se preguntan: ¿Por qué hacer esto, si mañana lo van a desbaratar?

La humanidad está llena de líderes que saben lo que hay que hacer, pero no actúan; tienen mucho miedo de enfrentar intereses. Tienen miedo a los votantes, miedo a los políticos de la oposición, miedo a lo que van a hacer los empresarios, miedo a los miembros del equipo. Ciertamente es normal estar preocupados por aquello de lo que no tenemos el control; sin embargo, si espera tener toda la información antes de tomar una decisión, tomará muy pocas.

El miedo, más que cualquier otra cosa, ha afectado profundamente el desempeño de muchos líderes, que han detenido el desarrollo de su equipo y el suyo propio. Un caso que me parece está muy relacionado con esta herida es el de muchos países desarrollados que no han fijado posiciones firmes en relación al calentamiento global, prefiriendo poner a la humanidad en peligro, antes que tomar medidas radicales a favor del planeta y de sus recursos naturales.

Necesitamos líderes que hayan cicatrizado la herida del temor y que den un paso al frente a favor de los principios y valores que necesita la humanidad — líderes que hagan lo que tienen que hacer. Ellos deben buscar al Goliat que asusta a su pueblo, tomar las piedras, apuntar al gigante, dar vueltas a la honda, hacerlo con fuerza, intensidad y determinación, y dejar la puntería, sólo la puntería, a Dios.

El valor de los emprendedores

Los emprendedores son hombres y mujeres que han vencido el miedo y se han lanzado a pesar de los pronósticos negativos. Arrojarse en busca de nuevas oportunidades requiere valor. Josué necesitó valor y Dios le dijo: *«Esfuérzate y sé valiente».* *(Josué 1:6)*

Existen empresarios con bajo nivel de formación educativa, con menos estudios que sus ejecutivos, y a pesar de no haber asistido a una universidad, poseen compañías multimillonarias. Puede que no manejen la tecnología y, tal vez, ni siquiera el arte de tratar a las personas. Entonces, mi pregunta para usted es: ¿Qué ha llevado a esos líderes a ser exitosos? Mi respuesta: *«La cicatriz del valor».* Valor para enfrentar lo desconocido, valor para no temer a las inversiones y valor para tomarse el riesgo que la mayoría de las personas no están dispuestas a correr. Se requiere mucha firmeza y valor para salir de la zona de confort y arriesgarse a lo desconocido, pero sólo aquellos que se arriesgan tendrán la oportunidad de emprender grandes conquistas.

Veamos en la Biblia líderes que se arriesgaron

Moisés, aun considerándose a sí mismo torpe, debió arriesgarse y de hecho, Dios llegó a impacientarse a causa del miedo de éste. *(Éxodo 4:10–11)*

Josué enfrentó el miedo y Dios le dijo: *«Esfuérzate y sé valiente»*. *(Josué 1:6)*

Gedeón era un miedoso que estaba sacudiendo trigo en el fondo de un lagar para esconderlo de los madianitas, y se decía: *«Soy el más débil, de la familia más débil, de la tribu más débil»*. *(Jueces 6:15 Paráfrasis del autor.)* Dios le infundió tanto valor que derribó el altar más importante de aquel pueblo idólatra, y desde entonces fue tenido por valiente. *(Jueces 6:32)*

Daniel tuvo el valor de orar en público aun cuando le fue prohibido. *(Daniel 6:10)*

Isaías tuvo que decir la verdad al pueblo y a sus reyes, haciendo denuncias sociales, políticas y espirituales. *(p. ej., Isaías 1, 3, 10)*

Jeremías tuvo que enfrentar toda una generación con un mensaje desagradable que le costó persecución y cárcel. *(Jeremías 1:5–10; 37:1–21)*

Ezequiel igualmente tuvo que tener valor para llevar un mensaje de juicio a un pueblo rebelde. *(Ezequiel 2:1–7)*

Nehemías enfrentaba a los enemigos con una mano y construía con la otra. *(Nehemías 4:17)*

Y en el Nuevo Testamento, vemos que **Pedro** tuvo miedo de enfrentar a la multitud, y sus nervios lo llevaron a negar a Cristo tres veces. *(Mateo 26:69–75)* Luego que Jesús lo sana, es Pedro el que dice: *«Es necesario obedecer a Dios antes que a los hombres»*, demostrando que ya no tenía miedo. *(Hechos 5:29)*

Pablo fue un hombre de valor, y su llamado fue un llamado al sufrimiento. Dios le dijo a Ananías, *«le mostraré cuánto habrá de sufrir por causa de mi nombre».* *(Hechos 9:16)*

Juan tuvo que sufrir el destierro en la isla de Patmos, y allí se le da la revelación del Apocalipsis. ¿Cree usted que fue exiliado por cobarde? ¡No!, fue desterrado porque no tuvo miedo de decir las cosas que Dios le había mandado que dijera. Y el Señor le entregó el siguiente mensaje: *«Escribe al ángel de la iglesia en Filadelfia: "Esto dice el Santo, el Verdadero, el que tiene la llave de David, el que abre y ninguno cierra, y cierra y ninguno abre: 'Yo conozco tus obras; he aquí, he puesto delante de ti una puerta abierta, la cual nadie* *puede cerrar; **porque aunque tienes poca fuerza, has guardado mi palabra, y no has negado mi nombre"»***. *(Apocalipsis 3:7–8, Énfasis del autor)*

Y la mayor muestra de valor: *nuestro **Señor Jesucristo**,* que murió en una cruz a pesar de no haberlo merecido, siendo molido por nuestras rebeliones y recibiendo el castigo a cambio de nuestra paz. *(Mateo 27:22–26; Isaías 53:5)*

Al final de nuestra jornada en la vida, Dios no reconocerá nuestra fuerza, reconocerá nuestro coraje como líderes, para hacer valer su palabra en medio de nuestro equipo. Usted y yo como líderes necesitamos tener la esperanza de escuchar estas palabras de parte de Dios: *«Aunque tuviste pocas fuerzas, has guardado mi palabra, y no has negado mi nombre».*

El valor está lleno de miedos

Cuando hablo de 'no temer' no me refiero a que literalmente no se debe sentir miedo, sino a que el líder debe actuar por encima del miedo que pueda sentir. Toda obra grande trae consigo grandes temores. Los grandes hombres las han construido con más miedo que cemento, pero ahí están.

La cobardía no es la presencia

El gran logro de David no fue vencer al gigante sino el haberlo enfrentado.

de miedo; es la ausencia de fe. Cuando creemos en la cobertura de Dios en nuestra vida, los miedos pueden ser naturales, pero no obsesivos. Podemos reaccionar de manera normal ante algo que nos amenace, pero no reaccionamos con cobardía ante los retos que tenemos por delante.

La gran conquista de David

El logro de David no fue vencer a Goliat. Su mayor logro fue enfrentarlo. El hecho de enfrentarlo, lo convirtió en un líder. Esta hazaña trajo consigo el resurgimiento de la moral del ejército, además de fe y unidad. Todos estaban a una, apoyándolo, pues David era su única esperanza. Las posibilidades eran de 1%, pero aun así, el pueblo salió a apoyar a su competidor. Yo creo que aun si David hubiera perdido, su valentía iba a dar ánimo a otros para intentarlo: «*Si este jovencito lo intentó, yo lo intentaré*».

Mi opinión y la propia experiencia me han enseñado que el liderazgo por *valor* no se consigue con las victorias solamente; se consigue también con las heridas y las derrotas. Cuando usted reciba una derrota, si su equipo está consciente de que usted ha dado lo mejor suyo y ha actuado con valor y entereza, entonces su liderazgo crece. Quizás, los resultados en el momento no son los que espera, pero tarde o temprano usted será reivindicado y los frutos de su valor y firmeza no se harán esperar.

David venció a Goliat y esto le dio la entrada oficial al alto rango militar del reino. Ya era un guerrero consumado, era el hombre a seguir. En todas las comunidades, el más valiente produce un tipo de liderazgo. David fue entonces el hombre del momento, no por su tamaño, no por su poder, no por su capacidad política, sino por su valor y su fe. Ese valor no estaba basado en sus habilidades, sino en sus experiencias con Dios y lo que había fortalecido su fe. El líder está llamado a liderar procesos, estrategias, cambios, conflictos e incertidumbres. Para hacer esto se necesita haber cicatrizado el temor y sellar el cuerpo con la cicatriz del valor que le ayudará a estar claro y firme ante las decisiones que se deben tomar.

Capítulo 3

LA CICATRIZ DE LA
PACIENCIA

*La corona del buen juicio es la paciencia; su gloria es
pasar por alto la ofensa.*

Proverbios 19:11

Capítulo 3

La Cicatriz de la
PACIENCIA

*El buen juicio hace al hombre paciente;
su gloria es pasar por alto la ofensa.*

Proverbios 19:11 NVI

Posiblemente eran las 12:00 del mediodía cuando la improvisada procesión militar iba subiendo la cuesta de la montaña. Iban cabizbajos, pensativos e impotentes. El ambiente estaba tenso, el rey hacía silencio, nadie decía una palabra. **Cuando el rey calla, nadie quiere hablar.**

Estos pensamientos posiblemente invadían las mentes de los seguidores del rey: *«¡Todo aquello que hemos conquistado, nuestros tesoros, nuestras tierras, nuestros muebles, todo se ha quedado en el pueblo! Deberíamos pelear. ¡Claro que debemos hacerlo! No es justo perderlo todo de la noche a la mañana.»*

Al otro lado del camino, un hombre viene con paso apresurado hacia ellos. Sólo se escuchan los murmullos, pero nadie entiende nada de lo que dice. Sigue su agitado curso hacia la procesión y las palabras que vocifera empiezan a entendérseles:

> —*¡Largo de aquí! ¡Asesino! ¡Canalla! El Señor te está dando tu merecido, por haber masacrado a la familia de Saúl para reinar en su lugar. Por eso el Señor le ha entregado el reino a tu hijo Absalón. Has caído en desgracia, porque eres un asesino.* (Palabras del autor basadas en 2 Samuel 16:5–8.)

La verdad es que David había hecho todo lo posible por respetar la vida y el reino de Saúl, al punto de que mató al amalecita que le ayudó a Saúl a suicidarse *(2 Samuel 1:1–16)*; sin embargo, este hombre, cuyo nombre era Simei, veía las cosas totalmente diferentes en vista de que era pariente del fallecido rey Saúl. Esto es algo bien interesante que debemos aprender: la persona que usted sustituye tiende a tener reservas en contra de su liderazgo. Cuando usted toca el interés de alguien, nunca espere flores; siempre le tirará piedras.

Los oficiales de David se indignaron; ¡no podían tolerar esto! *«Abisay hijo de Sarvia le dijo al rey: "¿Cómo se atreve este perro muerto a maldecir a Su Majestad? ¡Déjeme que vaya y le corte la cabeza!"»* (2 Samuel 16:9 NVI)

Esta fue la misma reacción de los apóstoles contra los samaritanos: *«Viendo esto sus discípulos Jacobo y Juan,* dijeron: *"Señor, ¿quieres que mandemos que descienda* **fuego** *del cielo, como hizo Elías, y los consuma?"*» *(Lucas 9:54)* Era evidente que Abisay, igual que Juan y Jacobo, no llevaba en su cuerpo la cicatriz de la paciencia.

Cuando nos insultan, nos ultrajan o nos sentimos indignados, lo normal es que reaccionemos de inmediato. Sin embargo, David llevaba consigo la cicatriz de la paciencia, y la evidencia es la respuesta que da a su soldado: *«Este no es asunto mío ni de ustedes, hijos de Sarvia. A lo mejor el Señor le ha ordenado que me maldiga. Y si es así, ¿quién se lo puede reclamar?»* *(2 Samuel 16:11)*

Dirigiéndose a Abisay y a todos sus oficiales, David añadió: *«Si el hijo de mis entrañas intenta quitarme la vida, ¡qué no puedo esperar de este benjaminita! Déjenlo que me maldiga, pues el Señor se lo ha mandado. A lo mejor el Señor toma en cuenta mi aflicción y me paga con bendiciones las maldiciones que estoy recibiendo.»* *(2 Samuel 16:11–12 NVI)*

Esta es una muestra contundente de paciencia. Cuando caemos, algunos caminarán con nosotros, otros nos van a apedrear. Toda posición de liderazgo genera algún tipo de fricción. E. J. Brignes dijo: *«El ejercicio de la autoridad es siempre adecuado para provocar resentimientos».* *(John Angel James, Las Obligaciones De La Iglesia Con El Pastor)* David, consciente de esto, responde a sus soldados con suma delicadeza, y esto nos enseña cuán importante es la paciencia ante las actuaciones imprudentes de los demás.

La paciencia se consigue con el tiempo

David no siempre fue un hombre tolerante. En una ocasión, envió una solicitud especial a un hombre llamado Nabal, quien era muy rico. Nabal tenía más de mil cabras y tres mil ovejas; tenía pastores y mucha tierra. David conocía a sus hombres y los había protegido en el desierto, para que no le robaran su ganado. Confiado en que la gente paga 'bien por bien', solicitó a aquel hombre una ayuda para su ejército, que estaba compuesto por unos 600 hombres armados. Este fue el mensaje de David:

> —*Sea paz a ti, y paz a tu familia, y paz a todo cuanto tienes. He sabido que tienes esquiladores. Ahora, tus pastores han estado con nosotros; no les tratamos mal, ni les faltó nada en todo el tiempo que han estado en Carmel. Pregunta a tus criados, y ellos te lo dirán. Hallen, por tanto, estos jóvenes gracia en tus ojos, porque hemos venido en buen día; te ruego que des lo que tuvieres a mano a tus siervos, y a tu hijo David. (1 Samuel 25:6–8)*

Cuando llegaron los jóvenes enviados por David, dijeron a Nabal todas estas palabras en nombre de David, y callaron. Nabal respondió a los jóvenes:

> —*¿Quién es David, y quién es el hijo de Isaí? Muchos siervos hay hoy que huyen de sus señores. ¿He de tomar yo ahora mi pan, mi agua, y la carne que he preparado para mis esquiladores, y darla a hombres que no sé de dónde son?*
> *(1 Samuel 25:10–11)*

Y los jóvenes que había enviado David se volvieron por su camino, y vinieron, y dijeron a David todas estas palabras. Bueno, el nombre de Nabal significa 'necio' y ciertamente que de manera necia contestó a David. Su actitud fue arrogante y desafiante. Entonces David dijo a sus hombres:

> —*Cíñase cada uno su espada.* —*Y se ciñó cada uno su espada y también David se ciñó su espada; y subieron tras David como cuatrocientos hombres, y dejaron doscientos con el bagaje.* (1 Samuel 25:13)

Sin decir mucho, David sólo le pide a sus hombres que se ciñan la espada, como para una guerra. Se hace acompañar por 400 hombres para dirigirse a las tierras de Nabal. Un criado se enteró del asunto y pronto fue donde la esposa de Nabal, una mujer hermosa e inteligente llamada Abigail. Ella, que conocía y definía a su esposo como un hombre perverso, sale al encuentro de David. Postrándose a sus pies, le pide que no tome en cuenta lo que su esposo había dicho y que no les hiciera pagar a ella y toda la casa por el mal de Nabal. Le llevó pan y provisiones, y allí concluyó el asunto. *(1 Samuel 25:14–35)*

La impaciencia: hermana de la necedad

Pues bien, aquí tenemos dos líderes: uno joven, cuyos bríos de poder no le dejaban pasar por alto nada que fuera ofensivo; y otro viejo, cuya necedad no le dejaba aprovechar las enseñanzas y experiencias que proporciona el tiempo.

Tanto la actitud de David como la de Nabal demuestran que ninguno había sido purificado por el tiempo y las experiencias del liderazgo. Posiblemente David tendría razones para actuar, ya que fue vejado por alguien que le debía un favor. Nabal, por otro lado, a pesar de los años y de todo lo que poseía, se mantenía insensato y arrogante. Aunque no conocía personalmente a David, seguramente había escuchado hablar de aquel que venció al gigante Goliat, y sabía que enfrentarlo era más que una necedad; era una provocación.

Aunque la necedad no tiene edad, lo normal es que con los años el ser humano se vuelva más paciente y menos impulsivo, ya que con el pasar del tiempo vamos viendo que la impaciencia y la desesperación no producen resultados positivos, y si nos dejamos guiar por éstos, llevaremos al grupo a cometer errores que luego lamentaremos. Gracias a la intervención de aquella mujer, David fue librado de cometer ese error, lo que nos demuestra que él adquirió la cicatriz de la paciencia, con los años y los hechos.

El regreso de David

David continúo su agitado curso hacia su destino final, entendiendo que la intolerancia no es de sabios. Pasaron los días; la revuelta terminó con algunos hechos lamentables, precisamente provocados por los hijos de Sarvia, quienes dieron muerte a Absalón, a pesar de que David había advertido que no lo hicieran. *(2 Samuel 18:9-15)* El rey viene de regreso a su palacio para retomar el poder.

A su regreso se encuentra con el mismo hombre, ese que unos días antes le había dicho: «*hombre sanguinario y perverso*». Ahora se requiere una doble dosis de paciencia para no vengarse de aquellos que vilmente le ofendieron. Veamos lo que pasó:

> *Simei hijo de Guerá se inclinó ante él y le dijo: «Ruego a mi señor el rey que no tome en cuenta mi delito ni recuerde el mal que hizo este servidor suyo el día en que Su Majestad salió de Jerusalén. Le ruego a Su Majestad que olvide eso. Reconozco que he pecado y por eso hoy, de toda la tribu de José, he sido el primero en salir a recibir a mi señor el rey».*
>
> *Pero Abisay hijo de Sarvia exclamó: «¡Simei maldijo al ungido del Señor, y merece la muerte!»*
>
> *David respondió: «Hijos de Sarvia, esto no es asunto de ustedes, sino mío. Están actuando como si fueran mis adversarios. ¿Cómo va a morir hoy alguien del pueblo, cuando precisamente en este día vuelvo a ser rey de Israel?»*
>
> *Y dirigiéndose a Simei, el rey le juró: «¡No morirás!»*
> (2 Samuel 19:18–23)

No sé como usted puede llamarlo a esto, pero yo lo llamo 'paciencia'. La paciencia que dan los años, la experiencia y los golpes en la vida, hacen que uno no se inmute ante el atropello de otros. No obstante, aunque David no estaba dispuesto a permitir que un incidente menor le hiciera perder la gloria de su liderazgo y la bendición del retorno, uno de sus seguidores no pensaba igual; su deseo era dar riendas sueltas a la venganza. Abisay era reincidente en el tema de la violencia. Aparentemente este joven tenía una ira interior que no lo dejaba pasar por alto detalles como el acontecido. De este tipo de personas están llenas las organizaciones: los intolerantes, los psicorrígidos y los partidarios de las lapidaciones.

Otra evidencia de que David había cultivado la paciencia, la encontramos en su regreso al pueblo, en el camino de la montaña. David es recibido por el siervo de un joven discapacitado llamado Mefiboset. Este joven era el hijo de Jonatán y nieto de Saúl, a quien David había rescatado cuando se hallaba perdido y olvidado; lo sentaba a comer en su mesa real y le había devuelto todas las tierras de su abuelo; le suplió todo lo que necesitaba y asignó criados para que lo atendieran. *(2 Samuel 9:9-11)* Sin embargo, cuando David huía hacia la montaña, había preguntado a Siba criado de Mefiboset, si éste le acompañaría, y Siba había respondido: *«He aquí él se ha quedado en Jerusalén, porque ha dicho: "Hoy me devolverá la casa de Israel el reino de mi padre"».* Así que David le contestó lo siguiente: *«He aquí, sea tuyo todo lo que tiene Mefiboset».* *(2 Samuel 16:1-4)*

Detengámonos aquí y revisemos bien este último verso. Estamos hablando del nieto de Saúl, el hijo de Jonatán, a quien David había puesto en su palacio. Es de suponer que la indignación de David debió de ser grande al ver una traición por parte de alguien a quien él había acogido. Veamos lo que pasa de nuevo al regreso, ahora con Mefiboset.

También Mefiboset, el nieto de Saúl, salió a recibir al rey. No se había lavado los pies ni la ropa, ni se había recortado el bigote, desde el día en que el rey tuvo que irse hasta que regresó sano y salvo. Cuando llegó de Jerusalén para recibir al rey, éste le preguntó:

—Mefiboset, ¿por qué no viniste conmigo?

—Mi señor y rey, como este servidor suyo es cojo, yo quería que me aparejaran un asno para montar y así poder acompañarlo. Pero mi criado Siba me traicionó, y ahora me ha calumniado ante Su Majestad. Sin embargo, Su Majestad es como un ángel de Dios y puede hacer conmigo lo que mejor le parezca. No hay nadie en mi familia paterna que no merezca la muerte en presencia de mi señor el rey. A pesar de eso, Su Majestad le concedió a este servidor suyo comer en la mesa real. ¿Qué derecho tengo de pedirle algo más a Su Majestad?

El rey le dijo:

—No tienes que dar más explicaciones. Ya he decidido que tú y Siba se repartan las tierras.

—Él puede quedarse con todo —le respondió Mefiboset—; a mí me basta con que mi señor el rey haya regresado a su palacio sano y salvo.
(2 Samuel 19:24–30)

¿Qué hubiera pasado si David no hubiera mostrado

paciencia a Mefiboset en este encuentro? La paciencia que estaba practicando le permitió tratar bien a éste hasta que pudiese dar su versión de los sucesos.

Esto es un caso serio; ahora el rey no sabe qué hacer, no sabe quién tiene la verdad. Lo cierto es que deja el asunto así: Repártanse la tierra y hagan lo que ustedes entiendan. A veces como líder, no sabrá dónde está la verdad, y tendrá que tomar decisiones sin tener toda la información necesaria. No se turbe, hay que tomar una decisión y seguir adelante; no importa la que tome — siempre habrá quien la cuestione. En su libro *Las Cinco Tentaciones del Gerente*, Patrick Lencioni dice: *«Una de las tentaciones del gerente es querer tener toda la información a mano antes de tomar una decisión».* De tal forma que David actuó conforme a sus instintos.

David y sus consejos finales a Salomón

Al finalizar sus días, David aconseja a su hijo Salomón respecto a la gente que va a quedar a su alrededor cuando él muera. Y el rey le aconseja a su hijo sobre dos personas: la primera de ellas es Joab, un hijo de Sarvia y hermano de Abisay, quienes se vendieron como sus protectores y terminaron siendo rebeldes y asesinos. Esto nos enseña que aquel que es violento en contra de nuestros enemigos, puede ser violento en contra nuestra. Joab, al igual que su hermano, se convirtió en un dolor de cabeza para David: Joab mató a varios generales y asesinó a su hijo Absalón. Con el tiempo fue un enemigo solapado del Rey.

El otro es Simei, el pariente de Saúl, quien le había apedreado e insultado en el camino y a quien David le había perdonado la vida en dos ocasiones. Fíjese que las mismas dos familias continúan en el escenario de confrontación en la vida de David. Esto refleja que David supo vivir con sus enemigos, y pudo mantenerlos en su lugar sin que esto le impidiera hacer su labor. Esto encierra un mensaje para aquellos líderes que muchas veces entienden que la única salida para un enemigo es aplastarlo. Esta era la sugerencia del mundo, pero el Señor nos enseña a bendecir y amar a nuestros enemigos. Y esto nos pone en claro dos cosas: La primera, que tendremos enemigos, que estarán dentro y fuera del grupo. La segunda, que nuestra respuesta al enemigo, que se nos opone abiertamente, aunque a veces no quisiéramos lo mejor para ellos, es la tolerancia, por amor a Cristo y obediencia a su palabra. Tenemos que aprender a vivir con ellos y amarlos. Eso es algo parecido a masticar vidrios, pero de nuevo el ejemplo de Jesús nos confronta, nos deja sin argumentos y nos dice: ¡Nadie puede hablarme de sufrimiento!

«Despreciado y desechado entre los hombres, varón de dolores, experimentado en quebranto; y como que escondimos de él el rostro, fue menospreciado, y no lo estimamos. Ciertamente llevó él nuestras enfermedades, y sufrió nuestros dolores; y nosotros le tuvimos por azotado, por herido de Dios y abatido.» (Isaías 53:3-4)

LA CICATRIZ DE LA
ORACIÓN

¿Acaso piensas que no puedo ahora ORAR a mi Padre, y que Él no me daría más de doce legiones de ángeles?

Mateo 26:53

Capítulo 4

La Cicatriz de la ORACIÓN

¿Acaso piensas que no puedo ahora ORAR a mi Padre, y que Él no me daría más de doce legiones de ángeles?

Mateo 26:53

—*No puede ser. Eso no puede estar pasando. Yo lo conozco y sé que no me haría algo así. Búsquenlo y tráiganlo ante mi presencia; debo comprobar por mí mismo que eso es cierto.*

De inmediato una delegación salió en busca del reo y lo encontraron con la mano en la masa; lo encontraron orando.

La vida de Daniel es de mucho ejemplo para todo líder. Daniel fue ministro consejero de tres reyes diferentes, algo que no resulta muy fácil y habría que manejarse con mucha sabiduría para poder sobrevivir estos tres reinados. ¿Cuál habrá sido la clave para que este hombre pudiera sobrevivir a tres reyes distintos? Véalo por usted mismo, de acuerdo a lo que nos dice la Biblia: *«Y cuando Daniel supo que el decreto había sido firmado, se fue a su casa, abrió las ventanas de su dormitorio, el cual estaba orientado hacia Jerusalén, y se arrodilló para orar y alabar a Dios. Esto lo hacía tres veces al día, tal como siempre lo había hecho.»* *(Daniel 6:10)* El secreto de Daniel era la oración.

La cicatriz de la oración ha marcado a muchos hombres que han entendido que después de intentarlo todo y no lograr ningún resultado, la oración fue su mayor tesoro, su mayor oportunidad. La ventaja de Daniel fue que no esperaba que las cosas fueran mal para orar; él lo hacía todos los días, a fin de que las cosas anduvieran bien.

Veamos la historia con mayores detalles: Daniel era un hombre de estado, un miembro del equipo de consejeros del rey. La Biblia dice que tenía un espíritu superior y el rey estaba pensando ponerlo sobre todo el reino; es decir, el hombre más importante del reino después del rey. *(Daniel 6:3)* Pero esto era un problema, y más adelante veremos por qué. El simple hecho de ser líder traerá de inmediato el ataque y malas intenciones de algunos de los que te rodean.

En una ocasión un sapo aplastó a una luciérnaga, y la luciérnaga preguntó:

—*¿Por qué me aplastas?*

El sapo le respondió:

—*¿Por qué brillas?*

Esta es una regla oculta en el liderazgo: el simple hecho de ser líder traerá de inmediato el ataque y las malas intenciones de algunos de los que le rodean al líder.

Vemos que Daniel era un hombre íntegro y trabajador, a tal punto que intentaron de diferentes formas inculparlo, pero fue imposible encontrar algo en su contra. No había una sola brecha por la cual sus enemigos pudieran atacarlo.

La integridad no es chaleco antibalas

Cuando el enemigo no encuentra una falta en contra de usted, ¿sabe lo que hace? Va a inventar una especial para usted. Le va a fabricar una trampa a la medida. Esto puede ser cruel, puede ser triste, pero es real. Esto fue lo que pasó con Daniel.

Cuando los compañeros de trabajo de Daniel se organizaron y no encontraron falta alguna, ni forma de hacer que él cometiera error, dijeron: «*No encontraremos ningún motivo para acusar a Daniel, a no ser algo que tenga que ver con su religión*». *(Daniel 6:5 DHH)* Observe bien que ellos empezaron a buscar una forma de hacer caer a Daniel, y la encontraron la única forma en la que Daniel podría caer: en la oración. Técnicamente, no se supone que la oración es motivo para hacer caer a nadie; en tal sentido, su plan no les serviría de mucho.

Los compañeros de trabajo de Daniel se organizaron y calcularon alguna forma de hacer que él cometiera un error, pero no encontraron falta alguna, ni errores administrativos ni debilidades humanas. Por eso llegaron a la siguiente conclusión: Daniel no puede ser atacado directamente; él no tiene errores para ser cuestionado.

Pasa el tiempo. A uno de los contrarios se le ocurrió una brillantísima idea:

—*¡Eureka, usaremos al rey!*

—*¿Cómo que al rey? —preguntaría su compañero.*

—*Bueno, aprovecharemos su sed de reconocimiento, su necesidad de ser adulado. Iremos donde él y le propondremos lo siguiente: Nadie debe ser adorado sino tú, querido rey, y que todo aquel que desobedezca esta ley sea echado en el foso de los leones.*

—*Sí, ¿pero eso qué tiene que ver con Daniel?*

—*Entiendan: ustedes saben que Daniel no puede dejar de orar; él no aceptará esta ley y hará lo que siempre hace, orar, y entonces estará en nuestras manos.*

El plan era perfecto. De esta forma lo orquestaron, sin pensar en Daniel, sino pensando en la debilidad de quien estaba en la cima. Este es un mensaje muy interesante para quienes están en posiciones intermedias. El líder de mayor jerarquía en la institución siempre será susceptible de gustar de adulación. Esta adulación lo ciega y le hace cometer graves errores, aún en contra de sus hombres de mayor confianza. Esto mismo fue lo que hizo Saúl en contra de David: una y otra vez intentó matarlo por celos de poder. *(1 Samuel 19:10-15, 20:31-33, 23:8-15)*

El líder de las altas instancias es un blanco fácil. Esta persona siempre encontrará a alguien que le haga creer que es el centro del universo. Es parte del juego. En toda institución importante habrá un orden: habrán líderes, seguidores, administrativos, trabajadores, suplidores, contrarios internos, contrarios externos, nuevos aspirantes a la posición del líder, que suelen ser contrarios inconscientes. Poder sobrevivir con todos estos actores es un reto, y ser el líder entre ellos es una odisea.

Normalmente, el que más trabaja, el más honrado, no es quien está más cercano al líder, y en ocasiones, incluso el hecho de usted trabajar mucho puede convertirse en un escollo para su ascenso. Por ejemplo, cuando David regresó de la batalla, las mujeres gritaban y cantaban lo siguiente: *«Saúl mató a sus miles y David a sus diez miles».* *(1 Samuel 18:7)* Esto irritó grandemente a Saúl, pues lo que empezó a importarle no fue que el ejército ganara, sino su gloria personal.

Volviendo a Daniel, éste se enteró del edicto que había sido firmado, pero hizo silencio. Daniel no era un político, ni hombre de mayorías, adulador de reyes; era un hombre de oración. Él llevaba consigo la fuerte cicatriz de la oración. Por ello, no se amilanó, no hizo un motín frente al palacio, no renunció públicamente a su trabajo al no ser tomado en cuenta, ni entró en contiendas. ¿Qué hizo Daniel? Hizo lo que un líder sabio debe hacer: orar y pedir a Dios que hiciera justicia. Fue a su habitación e hizo con entereza y valentía lo que estaba acostumbrado a hacer: abrió sus ventanas y oró públicamente, no para que lo vieran, sino porque era su costumbre. Él no tenía miedo; la oración le daba las fuerzas para continuar.

Oración vs discusión

En mi experiencia personal en la solución de conflictos, he visto cómo las personas, en lugar de orar, prefieren discutir, sin darse cuenta de que discutir es perder el tiempo y ganar contrarios. Orar es ganar gracia y solucionar conflictos. Cuando por alguna razón se requiere que una persona salga de una institución, algunas lo toman bien, pero otras se amotinan, o van a la acera del frente y empiezan a tirar piedras contra el lugar que era excelente hasta que ellos salieron. Esto nos hace ver muy inmaduros y hace que los demás nos pierdan el respeto.

Muy pocas personas están preparadas para aceptar una decisión injusta, pero el liderazgo está lleno de decisiones injustas, de situaciones que uno no comprende. La experiencia nos enseña que sólo el tiempo y la oración podrán aclarar las cosas.

Daniel condenado

—¿No has confirmado edicto que cualquiera que en el espacio de treinta días pida a cualquier dios u hombre fuera de ti, oh rey, sea echado en el foso de los leones?

Observe que esta es una pregunta con una respuesta sugerida. Es también una pregunta provocadora de ira. El rey responde:

—Verdad es, conforme a la ley de Media y de Persia, la cual no puede ser abrogada. (Daniel 6:12)

Entonces los gobernadores y sátrapas dicen:

—Daniel, que es de los hijos de los cautivos de Judá, no te respeta a ti, oh rey, ni acata el edicto que confirmaste, sino que tres veces al día hace su petición. (Daniel 6:13)

Supongo que los sátrapas agregarían preguntas como éstas:

—¿Cómo es posible que te falte al respeto?

—¿Que a ti, el benefactor, te haga esto? ¡No puede ser!

Todo esto adorna el comentario adulador en contra de Daniel, a fin de provocar la decisión irrevocable del rey. Ahí es cuando el rey se da cuenta de que ha caído en una trampa.

—*Ay, Daniel, ¿qué he hecho? ¿Cómo pude hacer esto?*

De esta forma empieza a buscar argumentos, oportunidades, brechas de escape para salvar a su hombre de confianza, pero no puede. *«Cuando el rey oyó el asunto, le pesó en gran manera, y resolvió librar a Daniel; y hasta la puesta del sol trabajó para librarle.»* (Daniel 6:14)

Hay momentos en el liderazgo donde nadie podrá librarle de una condena. Las normas están establecidas, usted las violó. A veces esas normas son injustas, pero son las normas y con ellas le condenarán. A veces las mismas han sido escritas para que usted caiga en ellas, pero ya son la ley, y no hay nada que hacer. Daniel sabía que había violado la ley, que había incumplido con el edicto del rey. El caer en el foso de los leones fue su elección. Él decidió entre su vida de oración con el foso de los leones o una vida sin oración y libre del foso de los leones, y prefirió el foso de los leones antes que una vida sin oración.

DOS GRANDES ENSEÑANZAS

No vale buscar la seguridad al costo de la integridad

Daniel no puso en juego su integridad, para seguir ocupando su puesto de asesor real. Él prefirió poner en riesgo su vida, antes que serle infiel a Dios. Es una gran tentación ceder principios en busca de seguridad.

En el proceso de liderazgo habrá muchas oportunidades

para asegurar nuestros puestos al costo de la integridad. No tendrá que hacer mucho esfuerzo; simplemente usted se hará el inocente, el indiferente, o se hará de la vista gorda. Por ejemplo: Daniel pudo haber cerrado las ventanas o cambiado de lugar; pudo eximirse de orar durante treinta días a la luz del día y hacerlo de noche, lo cual sería igual, pues era el mismo Dios. Tenía múltiples alternativas, pues su manera de orar era conforme a sus costumbres judías, pero él estaba en un país extranjero, donde no tenía que orar conforme a las costumbres judías necesariamente. Nadie lo estaba supervisando; no tenía que rendir cuenta de sus decisiones a ninguna persona. De esta forma tenía la libertad humana para hacer lo que él quisiera. Sin embargo, por encima de todo esto, estaban sus valores, sus principios y su fe.

La oración es el recurso de mayor poder para el líder

La segunda enseñanza es que la oración no es sólo el recurso para el hombre enfermo, o para la mujer sin hijos; también es el recurso de mayor poder para el líder. El líder entiende con las heridas que la oración es más poderosa que la conspiración. Aprende que estar tranquilo, de rodillas, es más poderoso que estar de pie y en actividad.

Daniel fue llevado al foso. Si usted observa la escritura, descubrirá que él no hizo resistencia, no acusó a nadie, no se defendió ante el rey y reconoció que esa había sido su elección. Él iba a pagar las consecuencias y no estaba convencido de que Dios lo iba a sacar del foso de los leones.

Pasó algo parecido con tres de sus amigos, a quienes lo metieron al horno de fuego por algo similar. Ellos dijeron: *«No es necesario que te respondamos sobre este asunto. He aquí nuestro Dios a quien servimos puede librarnos del horno de fuego ardiendo; y de tu mano, oh rey, nos librará. Y si no, sepas, oh rey, que no serviremos a tus dioses, ni tampoco adoraremos la estatua que has levantado.»* (Daniel 3:16–18)

Yo pienso que Daniel estaba actuando de la misma forma. En ocasiones no somos tan perfectos como lo fue Daniel. De vez en cuando cometemos errores reales y la gente nos ataca. Lo cierto es que si fallamos es normal que nos critiquen o juzguen. El fallo genera crítica y el nivel de las críticas no lo decidimos nosotros; lo decide el público. Por eso mi consejo es: cuando hemos fallado, lo conveniente es hacer silencio y orar. Ese no es momento de defenderse, de hacer manipulaciones o de buscar el apoyo de nuestro grupo.

Cuando hablo de nuestro grupo, hablo de aquellos que son incondicionales. Uno de los errores más desafortunados del líder es hacer uso de estos seguidores y tomarlos como su posesión para emprender su lucha y armar una revuelta. Empiezan las amenazas: *«Si no hacen esto, yo hago lo otro». «Si me maltratan, yo me llevo mi grupo.» «Si me siguen cuestionando, van a pagar las consecuencias.»* Cuando usted adoptas este tipo de actitud, tiene las heridas abiertas y las deja abiertas en los demás. Esto provoca muchas divisiones en las instituciones; crea pugnas internas que echan por la borda no sólo el trabajo suyo, sino el trabajo de todos los que le han antecedido.

¿Cuál es la opción para el líder cuando las cosas se ponen feas? Orar y esperar que el ambiente cambie; orar para que Dios saque a flote la verdad. Este proceso no siempre es fácil, no siempre dura un día, a veces dura años. Este juicio que le hicieron a Daniel tardó un día y los resultados tardaron varios días, pero es un ejemplo de todo lo que puede pasar en nuestro proceso: una trampa, una acusación, un juicio, una condena, cumplir la condena y salir del calabozo. Daniel cumplió la condena. Era de un día —pues sólo se requiere menos de una hora para que los leones devoren a un hombre— pero un día puede equivaler a 10 años, puede equivaler a los latigazos que recibió Pablo cuando estaba encarcelado, a los más de 20 años de Mandela en la cárcel; en fin, este día es un ejemplo del proceso al que podemos ser sometidos.

Todo el proceso encontró a Daniel asido a su mejor amiga, a su mejor arma: la oración. Con la oración pudo derribar los argumentos de sus enemigos. Esta oración la acompañó de silencio, de paz y de respeto por su rey y por la institución.

¡Llegó la hora! Daniel fue llevado al foso de los leones y las puertas fueron cerradas con una piedra grande. No había escapatoria, no había brecha, no había posibilidades. Daniel fue condenado a muerte. En cuanto a lo que depende de los hombres, todo se había consumado. Fíjese que los hombres concluyeron su proceso. Daniel no pudo impedirlo y no hizo el esfuerzo para que fuera así. Fue llevado como oveja que llevan al matadero, con toda mansedumbre.

Hace unos días vi de cerca un león, a menos de dos pies de distancia. Claro que era un cachorro con apenas 3 meses de nacido. El celador me dijo que este pequeño animal tiene en la mandíbula la fuerza de un perro *Rottweiler* adulto. Probablemente usted y yo hemos visto cómo una leona toma un ñu o una cebra y lo domina completamente. Tomando en consideración que trabajan en equipo, para los leones del foso iba a ser fácil devorar a Daniel. Probablemente los que habían hecho la trama para meter al hombre en el foso, también habían hecho la trama para que los leones tuvieran hambre. Como en un reinado el rey no tiene control de todos los aspectos administrativos, siempre hay gente por detrás que controla todo y sabe dónde están las cosas. Uno casi puede asegurar que Daniel entró a una celda con leones hambrientos, y la muestra es que al día siguiente, cuando tiraron a otras personas en el foso, los leones no esperaron a que cayeran y ya se las habían comido. *(Daniel 6:24)* El punto de este comentario es que la prueba a la que fue sometida Daniel no fue fácil, fue algo minuciosamente planeado y sumamente difícil, cruel e inhumano.

Al ver esto podemos entender cómo es el liderazgo, cómo los líderes son sometidos en ocasiones a procesos crueles, tortuosos y a veces inhumanos. Esto no siempre es así, gracias a Dios. Hay instituciones donde ser líder es una bendición; pero por otro lado, aprendemos que las heridas son parte del liderazgo y de esos ejemplos está llena la Biblia. A Moisés lo acusaron una y otra vez de irresponsable; a Samuel lo desecharon; a David lo atacaron de todas las formas posibles, y con Cristo, consumaron el mayor hecho de barbarie. Es indescriptible todo lo que el

Mesías padeció por causa de la naturaleza humana. Y no me refiero exclusivamente a sus enemigos, sino también a sus amigos y compañeros íntimos.

Ser líder es muy hermoso; ser líder es un privilegio que sólo se le puede dar a algunos, pero en ninguna manera es un lujo, sino un reto. Bien sea de un grupo pequeño como de uno grande, ser líder constituye un reto. Es el reto de estar de acuerdo con todos o no estarlo, el reto de escuchar a todos sin que nadie se sienta ofendido, el reto de ser amigo de todos, los buenos y los malos, y el reto de soportar las descargas del mando.

Hace unos años, mientras me desempeñaba como Vicepresidente de Negocios de una compañía, me vi envuelto en una serie de conflictos. Como en todas las empresas, había hecho de mi baño un altar. Siempre que la situación se tornaba crítica y las cosas se ponían difíciles y el ambiente se caldeaba, iba al baño, entraba al altar, me arrodillaba y oraba. Aprendí que la oración era mi mejor ayuda. En ese lugar pedía a Dios sabiduría, perdón y paciencia, y lo que no podía hacer desde mi escritorio, o a través de una conversación, lo lograba por medio de la oración.

Capítulo 5

LA CICATRIZ DE LA
JUSTICIA

*Y traed el becerro gordo y matadlo, y comamos y
hagamos fiesta; porque este mi hijo muerto era, y
ha revivido; se había perdido, y es hallado.
Y comenzaron a regocijarse.*

Lucas 15:23-24

Las 7 Cicatrices del Líder

88

Capítulo 5

La Cicatriz de la JUSTICIA

Y traed el becerro gordo y matadlo, y comamos y hagamos fiesta; porque este mi hijo muerto era, y ha revivido; se había perdido, y es hallado. Y comenzaron a regocijarse.

Lucas 15:23-24

Eran aproximadamente las 7:30 de la mañana cuando la familia se sentaba a la mesa a desayunar, previo a sus jornadas diarias de la hacienda. Esa mañana sólo estaban los dos hijos y el padre.

—*¿A ti cómo te va?* —*dice el padre al hermano mayor, y de inmediato éste empieza a contar sus experiencias en la granja y cómo estaban avanzando sus jornaleros.*

En la otra esquina estaba el hermano menor. Su mirada

se perdía en la distancia. Atravesaba la ventana y viajaba como un trotamundos por los maizales hasta llegar a la gran ciudad. Su imaginación se iba un acto tras otro. A lo lejos oía el murmullo de su hermano como sin entender absolutamente nada. Sólo su cuerpo estaba presente en aquel pequeño salón. Un golpe seco en la mesa lo trajo de regreso, y una pregunta lo incorporó a la conversación.

—*¿A ti cómo te va?*

Sin mediar una palabra, sin rodeos y con firmeza el joven dijo:

—*Quiero mi parte.*

A la luz de nuestras historias bíblicas, esto de inmediato lo convirtió en el hermano malo. Es así como hemos oído la historia del hijo pródigo. En realidad se habla de un hermano mayor y un hermano menor. A pesar de que tradicionalmente hemos llamado al hermano menor 'el hermano malo' y al mayor, 'el hermano bueno', ¿habría un hermano bueno y uno malo?¿Realmente era el mayor un hermano bueno? Hablaremos en el presente capítulo sobre la justicia y cómo el líder puede haber sido herido por la incorrecta administración de la justicia en un momento determinado.

Con el tiempo, el liderazgo maduro lleva en su cuerpo la cicatriz de la justicia, la que le enseña a uno a manejar los conflictos entre sus seguidores con una extrema delicadeza. Para un líder es muy difícil ser justo. La Biblia dice: No hay justo ni siquiera uno. *(Romanos 3:10)* Lo cierto es que absolutamente justos no podemos ser, simplemente administramos justicia y tratamos de encontrar la verdad en el momento. Por ejemplo, cuando las dos mujeres le trajeron a Salomón un niño, y cada una de ellas alegaba que era la verdadera madre, él tuvo que administrar justicia. Pero ser justo es muy difícil cuando la verdad está oculta. Así que él no intentó ser justo, simplemente hizo que la verdad saliera a flote y, al encontrar la verdad, encontró la justicia. *(1 Reyes 3:24-27)*

Es difícil que el líder tenga un solo integrante en su equipo. Por tanto, siempre tendrá que administrar justicia. Como abogado, le puedo decir que administrar justicia es algo muy complicado. En un juicio intervienen de manera directa los siguientes actores: acusado, víctima, testigos, abogado de la defensa, abogado de la víctima, alguacil, secretaria, fiscal y jueces, y en algunos sistemas se incluyen los jurados. Todas estas personas deben intervenir para algo tan sencillo como el robo de una caja de dulces, por ejemplo.

Moisés gastaba gran parte de su tiempo administrando justicia. Su tiempo invertido era tanto que a la visita de su suegro esto lo estaba consumiendo, y es cuando le aconseja que debe buscar jueces. *(Éxodo 18:14-23)* Jesús le decía a las personas: *«No juzguéis para que no seáis juzgados»,* advirtiéndoles todo lo que implica hacer un juicio. *(Mateo 7:1)* Sin embargo, para el líder será imposible no administrar justicia. Es ahí cuando también comete los más grandes errores de su liderazgo y descubre que la administración de justicia es algo sumamente delicado, pues todo el grupo le pertenece, y aunque hay que poner orden para lograr la sana convivencia del colectivo, en la mayoría de los casos, no deberá actuar como un juez, sino como un padre.

El hijo bueno y el hijo malo

El padre no pudo convencer al hijo de que no se fuera. Fue al banco, buscó el dinero y lo despidió con un beso. En la hacienda se quedó el hijo más grande. A la vista de él mismo, diría a su padre: *«Yo soy el hijo bueno. Yo no te dejaré; soy incondicional y siempre haré lo que me pidas. No haré como ese ingrato que luego de todo lo que has hecho por él, ahora se va y nos abandona con tanto trabajo por delante.»* Tenemos al hijo pródigo, que quiere decir 'el hijo que desperdicia' (prodigar es desperdiciar); y al otro ya se le llama 'hijo bueno'. Es bueno sólo porque se queda al lado de su padre. Era el mayor; debió irse antes, pero él era el bueno, el que respetaba la voluntad del padre a cualquier precio.

No todos los que hacen nuestra voluntad son los hijos buenos; a veces son simplemente los que no se atreven a rebatirnos, a enfrentarnos y a contradecir nuestras ideas. Y en cuanto a los que no hacen nuestra voluntad, el ser humano tiene derecho a equivocarse y a tomar sus propias decisiones, y eso no lo hace malo, simplemente lo hace diferente. A veces sabemos de antemano que esas decisiones podrían producir resultados funestos, pero son sus decisiones y no por eso lo podemos calificar de malo.

Tuve un hermano mayor. En este caso, él era el 'malo' y yo el 'bueno'. Me gustaba leer en voz alta, pues sabía que a mi hermano le costaba leer y mi padre me elogiaba por mi buena lectura, y a él, en cambio, lo criticaba por tartamudear. Con el tiempo el padre va aprendiendo que para él no hay hijos buenos e hijos malos, simplemente hay hijos, y que a todos los quiere por igual. A todos deberá brindarles el mismo afecto. En una ocasión un padre fue cuestionado por un hijo, por el hecho de que éste no era tan obediente. El hijo le dijo: *«¡Tú quieres más a Antonio que a mí!»* El padre le respondió: *«Te equivocas, los quiero a los dos por igual, sólo que a ti te quiero con pena y preocupación, y a él lo quiero con gozo y satisfacción».* Y esto es lo que más se puede asemejar a la justicia: el hecho de que podamos entender que en el grupo todos son nuestros hijos, no sólo los hijos 'buenos'.

Continuando con la historia, el muchacho recogió lo suyo y se fue a experimentar. Quizás puso un negocio que quebró. Consiguió amigos que lo engañaron y, como había sido pronosticado por todos, quedó sin nada y arruinado. ¿Esto lo hace un hijo malo? ¿Es esta la razón para que no sea parte de la familia? ¿Deberíamos tratarlo con la misma dureza de su error?

Los cuatro grupos del líder

El líder tendrá cuatro subgrupos con los que tendrá que interactuar. A continuación vamos a describirlos:

N⁰ 1 — Los incondicionales

Son aquellos que estarán con usted pase lo que pase; al menos es lo que dicen. Sienten que usted es la imagen personificada de *Iron Man*. Todo cuanto usted haga estará bien, y todo aquel que se le oponga al líder será su adversario y lo tendrá de frente. Este grupo se parece mucho a Pedro, quien le aseguró a Jesús: *«Aunque todos se escandalicen de ti, yo nunca me escandalizaré». (Mateo 26:33)* Ese fue el mismo Pedro que cuando fueron a prender a Jesús, tomó una espada e hirió al siervo del sumo sacerdote. *(Juan 18:10)* Pedro era incondicional; así se sentía y así actuaba, a pesar de su error en negar a Jesús.

N⁰ 2 — Los condicionales

Son aquellos que irán al lado suyo, pero en determinado momento lo enfrentarán y le dirán la verdad en su cara. Ellos tienen sus condiciones, y lo van a escuchar, pero no siempre van a hacer lo que usted diga. Son un grupo con personalidad, con la capacidad de poner las cosas en claro. En ese grupo están aquellos que nos ayudan a ver el punto ciego. Cuando los escuchamos, ellos nos evitan cometer errores, o nos pueden corregir los errores que hemos cometido, pues tienen una visión menos optimista de nuestras decisiones y, por lo general, enfocan un punto de vista que ni usted ni los incondicionales han podido ver. Es algo parecido a lo que pasó entre Pablo y Bernabé; Ellos hicieron hacían un buen equipo de trabajo, pero hubo un momento en el que simplemente tenían una visión diferente del futuro. Así que dice la palabra: «*Y hubo tal desacuerdo entre ellos, que se separaron el uno del otro; Bernabé, tomando a Marcos, navegó a Chipre, y Pablo, escogiendo a Silas, salió encomendado por los hermanos a la gracia del Señor.*» *(Hechos 15:39-40)* Nuestro error consiste en creer que debido a que una persona entre en desacuerdo con nosotros, tiene que estar fuera del círculo, y lo tratamos a distancia. Algunos líderes buscan la forma de sacarlo del equipo, pero eso no es justo. Aunque crean que sea la aplicación de la justicia, aquí se equivocan y pueden pagar las consecuencias de ese error.

Nº 3 — Los no-condicionales

Son aquellos que serán sus contrarios bajo cualquier circunstancia. Nunca espere que ellos le apoyen; todo lo que usted haga estará mal. Ellos no ven nada con positivismo, y todo lo que se haga en el equipo, siempre será cuestionado por ellos. Esto surge por varias razones: por edad, por celos, por la herencia... Algunas personas de edad avanzada pueden reaccionar muy resistentes al cambio, al creer que no hay madurez en los jóvenes. Puede resultar de una ofensa que alguien no perdonó, por ejemplo, cuando se lacera los intereses de una persona o sus familiares. Por último, puede ser producto de la herencia, es decir, cuando usted ocupa una posición que supuestamente debió ser ocupado por ellos o su partidario. Los no-condicionales nunca van a estar de acuerdo con usted; serán adversarios silentes o manifiestos, pero difícilmente sus aliados. Tal fue el caso que ya hemos visto de Simei: «*¡Fuera, fuera, hombre sanguinario y perverso! Jehová te ha dado el pago de toda la sangre de la casa de Saúl, en lugar del cual tú has reinado, y Jehová ha entregado el reino en mano de tu hijo Absalón; y hete aquí sorprendido en tu maldad, porque eres hombre sanguinario».* (2 Samuel 16:7-8) Fíjese en las palabras de este hombre. Estaba dolido porque el rey era David, no su pariente Saúl o algún descendiente suyo. Tenga pendiente que estas personas son parte del grupo, en sus distintas vertientes; no se sienta mal, esto es parte del liderazgo. Lo difícil es aprender a manejarlo con justicia.

Nº 4 — Los indiferentes

Este grupo está compuesto por aquellos que nunca saben lo que está pasando en medio de la organización, tampoco les importa mucho. Para ellos una cosa como la otra es igual. Estos necesitan ver para creer, y nunca están muy empapados de lo que pasa con el líder ni con su equipo. Por ejemplo, Tomás, quien había estado con Jesús, dio dos señales claves de ser una persona con cierto nivel de indiferencia. Veamos: «*Pero Tomás, uno de los doce, llamado Dídimo, no estaba con ellos cuando Jesús vino».* (Juan 20:24) Primera señal de indiferencia: ¿Dónde estaba Thomas, mientras todos los discípulos estaban reunidos? El que es indiferente siempre está fuera de toda actividad; nunca está presente en los momentos importantes del grupo. No va a elecciones ni a reuniones administrativas, y vive muy ocupado como para ser parte integral del equipo. Como segunda señal, también es incrédulo, pues como vive fuera no cree nada de lo que pasa adentro. Por eso Thomas dice: *«Si no viere en sus manos la señal de los clavos, y metiere mi dedo en el lugar de los clavos, y metiere mi mano en su costado, no creeré».* (Juan 20:25)

Esta división en cuatro grupos deja al líder con sólo un 25% de seguidores incondicionales. En el caso de Jesús, estaban Pedro, Juan y Jacobo, es decir, tres de los doce. El error más común del líder es dirigir sólo para los incondicionales, creer que sólo ellos pueden acercarse a él, y que sólo ellos tienen la verdad y la razón. Estos incondicionales son los 'hijos buenos', los que nunca se van, los que nos hacen ver que todo está bien. Se pasan el tiempo diciéndonos que debemos volver a dirigir una y otra vez.

El reto del líder es administrar justicia entre los distintos grupos, sin dejar que el dolor afecte su criterio. Se nos hace difícil admitir que los incondicionales fallan y que tienen razón aquellos que nos cuestionan o son nuestros adversarios. El líder tendrá que pedir sabiduría a Dios para ser lo más objetivo posible. Imagínese el momento en que un padre tenga que culpar a su hijo y admitir públicamente que éste haya fallado, y entregarlo a la justicia, para que esta actúe con justicia e integridad. La diferencia en estos casos es quién juzgará a este niño. Será el juez, y, a pesar de las posibles influencias que pudiera tener, tendrá su propio criterio para hacer un juicio objetivo. Por el contrario, cuando estamos en posiciones de liderazgo, somos nosotros mismos los que solemos administrar justicia ante los incidentes del grupo. ¿Podremos ser objetivos? ¿Será fácil aplicar todo el peso de la ley al incondicional o exonerar al contrario cuando vemos que es realmente inocente? Es muy peligroso creer que los que nos rodean son los buenos y todos los demás son los malos. Este grupo selecto de seguidores lo hará sentir en las nubes, pero lo pondrá en contra de mucha gente.

Cuando somos heridos por estas contiendas internas y cometemos el error de creer que un grupo es mejor que el otro, entonces aprendemos que la justicia del líder radica en el amor por todos, los buenos y los malos. En el fondo no hay ninguno bueno; todos son sus hijos y en determinado momento actuarán como Pedro, negándolo. El reto del líder es amarlos a todos y estar dispuesto para cada uno con la misma intensidad y devoción.

El regreso del hijo pródigo

El hijo pródigo había gastado todo su dinero y estaba en una pocilga, cuidando los cerdos y deseando comer la comida de éstos. Allí, en medio de su fracaso y de su angustia, se pregunta: *«¿Por qué no voy a mi padre? Al menos en mi casa tendré qué comer; no me importa más nada, sólo quiero que me dejen comer».* Toma la difícil decisión de volver, a pesar de todas las dudas que le embargaban. Corre hacia el hogar y empieza el problema. Todo el que es padre sabe de qué estamos hablando. Si su hijo se va de la casa a un lugar donde usted no sabe, nunca dejará usted de sufrir y lamentarse de esa partida. Los padres que han perdido hijos saben que esta es una pérdida irreparable. Se sobrevive con ella, pero no es algo que se pueda olvidar ni superar fácilmente.

A la distancia, el padre divisa un hombre que al caminar parece ser su hijo, pero su rostro y cuerpo harapientos no le parecen. Sin embargo, él desea que, aún de esta forma, sucio y envejecido, sea su hijo el que viene caminando. Finalmente, el hombre llega a la puerta de la hacienda. Por la voz identifica al hijo y sale a su encuentro. Lo abraza, lo besa y llora con él. Manda a buscar ropa, lo bañan y convoca una gran fiesta para celebrar el regreso de su segundo hijo, el que se había perdido y había vuelto. Todos estaban felices, todos gozosos. ¡Había regresado!

Pero en medio de la celebración alguien tira un balde de agua fría. ¿Quién? El hermano 'bueno', el hermano mayor, ese que había estado a los pies del líder, posiblemente esperando que muriera para quedarse con todo. Y fue a reclamar su atención, a reclamar su espacio. *«Yo me he quedado contigo todo este tiempo y tú nunca me has hecho una fiesta; éste se va, lo gasta todo y ahora lo mío tú se lo das a él. Lo cierto es que tú me has decepcionado como padre.»* (Palabras del autor basadas en Lucas 15:29–30)

Este es el cuadro diario de cada líder: los 'buenos' y los 'malos', los que nos siguen y los que no nos siguen, los que nos apoyan y los que no lo hacen. ¿Cuál debería ser la reacción del líder frente a esto? Si no ha cicatrizado con la justicia, siempre sentirá que el grupo bueno tiene la razón. Sacará de su seno a mucha gente buena, que simplemente es condicional. Los condicionales son como el freno, los incondicionales como el acelerador. Un carro necesita ambas herramientas, de lo contrario terminaría estrellado.

El argumento del hermano bueno

De esta forma el hermano bueno reclama: *«Él es malo; debe quedarse fuera. Tú le fuiste un buen padre; él no tenía ninguna razón para actuar así.»* El fondo del asunto estaba en que el que había llegado estaba tocando los intereses del hermano mayor: habían matado un becerro y gastado dinero para hacer una fiesta al que se fue. *«¡Esos son mis recursos, es a mí a quien le corresponde este espacio! ¡No es justo que él se vaya y ahora regrese y gastemos el dinero a favor de uno que nos abandonó!»*

Este es el juego de poder de los seguidores. A ellos les gusta tenernos bajo control; de esta forma también controlan su herencia. Es algo parecido a la actuación de los perros de raza *Dóberman*: ellos le cuidan a usted, no porque le quieran, sino porque sienten que usted les pertenece; así que, más que cuidarnos, cuidan su territorio, cuidan sus pertenencias, que somos nosotros. Jesús les predica a los fariseos, queriendo dejarles un ejemplo de la justicia. Ellos vivían en una eterna comparación sobre quién era bueno y quién era malo; quién se lavaba las manos y quién no se las lavaba.

¿Qué debe hacer un hermano mayor? Debe ir en busca de su hermano menor, estar pendiente de éste, darle seguimiento a su hermanito inmaduro y poco sabio. Pero él no se comportó como un hermano mayor, sino como un. Actuó para defender sus intereses y para acusar al que falló. Si el padre le hubiera hecho caso, habría cometido el error de su vida: echar fuera a un hijo menor, para complacer al mayor. Esto pasa en los grupos y pasa en las familias. Siempre hay un hermano que se erige como el mejor, el que los padres más quieren y respetan. Si el hermano no sabe manejar esta situación, se divide la familia y se crean celos y dolores innecesarios. El padre termina como el tirano y el hermano como el benefactor.

El líder como padre

El rol del líder es el de padre de su equipo, de los «buenos» y de los 'malos'. A veces los malos terminan siendo los buenos, y viceversa. Recuerde que todos forman el equipo y que si ignora a algunos, esto le afectará, puesto que es muy difícil jugar con un equipo en el que falten jugadores claves.

Jesús advierte que la justicia del padre estuvo en recibir a su hijo que se había perdido y ahora lo había hallado. Y este es el reto de todo líder, el de poder amar a aquellos que no lo aman. Trabajar en la empresa para los que le dan el 100% y aprender a motivar a aquellos que sólo dan un 50%, pero que son parte del equipo. La pregunta sería ¿por qué algunos dan el 100% y otros, sólo el 50%? Es bueno que usted sepa que en un equipo, no todos batean para 300, también existen los que batean para 200 y son excelentes como defensa. Existen los bateadores designados, existen los que corren rápido y así podemos ver cómo Cada uno en el equipo tiene su función en un momento determinado. Pero De vez en cuando ligamos la política con el liderazgo, algo que es mortal. El liderazgo ama a todos, la política ama a los que le apoyan. «*Si me apoyas incondicionalmente, tendrás un puesto especial; de lo contrario, serás el último.»* Esta es la estructura política. Sin embargo, Jesús trae un paradigma totalmente diferente. Veamos la propuesta de algunos del círculo íntimo de Jesús. Se trata de Juan y Jacobo, que se acercaron a Jesús para hacerle una petición propia de la política. Ellos les hicieron la siguiente propuesta: *«"Maestro, querríamos que nos hagas lo que pidiéremos." El les dijo: "¿Qué queréis que os haga?" Ellos le dijeron: "Concédenos que en tu gloria nos sentemos el uno a tu derecha, y el otro a tu izquierda".»* *(Marcos 10:35-37)*

Siempre nuestro círculo íntimo espera que le demos las mejores posiciones y las mejores oportunidades. Más que un espacio que deben ganarse por servicio, ellos lo ven como una herencia. Pero Jesús le presenta una nueva visión de ver las cosas, un paradigma radicalmente distinto:

«No sabéis lo que pedís. ¿Podéis beber del vaso que yo bebo, o ser bautizados con el bautismo con que yo soy bautizado? ... A la verdad, del vaso que yo bebo, beberéis, y con el bautismo con que yo soy bautizado, seréis bautizados; pero el sentaros a mi derecha y a mi izquierda, no es mío darlo, sino a aquellos para quienes está preparado.» *(Marcos 10:38-40)*

El futuro de una organización no debe depender de quién señale el líder, como si fuera una monarquía o una dictadura; debe decidirlo la organización. Para la mayoría de los líderes es desgarrador ver cómo lo que construyó durante mucho tiempo, con dedicación y esfuerzo, pase a manos de otros de quien él no tiene confianza y posiblemente no goce de su aprecio; pero el líder debe entender que esto también es parte del liderazgo.

> *Sabéis que los que son tenidos por gobernantes de las naciones se enseñorean de ellas, y sus grandes ejercen sobre ellas potestad. Pero no será así entre vosotros, sino que el que quiera hacerse grande entre vosotros será vuestro servidor y el que de vosotros quiera ser el primero, será siervo de todos. Porque el Hijo del Hombre no vino para ser servido, sino para servir, y para dar su vida en rescate por muchos. (Marcos 10:42–45)*

Consecuencias de una mala administración de justicia

N⁰ **1** — Siempre puede haber un afectado, y cuando usted actúa, va a dejar a alguien ofendido. Es por ello que el líder debe evitar profundizar en el conflicto al punto de que se involucre personalmente.

N⁰ **2** — Nos afecta la imagen ante el resto del grupo. Esto se da porque en toda decisión radical hay un culpable. Las personas no aceptan sus faltas con facilidad y siempre van a contar al resto del grupo lo injusto que usted ha sido con él o ella. Siempre habrá un grupo que está en contra del líder y capitalizan este tipo de problema para hacer daño.

N⁰ **3** — El conflicto se puede ramificar. Cuando usted no

hace una oportuna y sabia administración de justicia, las cosas se pueden complicar. No hay conflicto sencillo. En cualquier conflicto, por pequeño que aparezca, usted puede verse en una condición muy poco cómoda por dar largas a un asunto. Mi experiencia personal es que mientras más diplomático es y más información oculta de un conflicto, este terminará explotándole en las manos a usted. Usted no es un fiscal, usted no es un abogado defensor de nadie, usted es un líder en busca de la verdad y debe encontrarla. Escuche a todos y dé la oportunidad para que expresen sus emociones y sentimientos con respeto, pero nunca oculte la verdad tratando de proteger a alguien, pues al final podría pagar las consecuencias de ser injusto.

Esto le pasó a David, que dio una solución simple a un problema importante como una violación. Uno de sus hijos violó a una hermanastra; David no hizo justicia pública contra este acto, y ocurrió que el hermano de la joven vengó a su hermana y terminó matando a su propio hermano que había sido el violador. David siguió sin administrar justicia y pasó por alto la actitud de Absalón sin hacer un juicio público y claro. Ocurrió que Absalón terminó conspirando contra David. *(2 Samuel 13:22–29; 15:13-14)* La enseñanza de esto es que cuando ocurra algo, administre justicia a tiempo. Hay un principio en derecho que dice: *«Justicia retardada es igual a justicia negada».* Por ello no le dé tiempo a las situaciones que necesitan ser discutidas. Acuda raudo y veloz y encuentre la verdad del asunto y cumpla la política establecida para el caso en cuestión. No tape nada, pues eso se volverá en contra suya.

Finalmente en la historia del hijo pródigo, el hermano 'bueno' nunca quiso entrar a la cena. ¿Fue el padre injusto en este caso? Parecería que sí; sin embargo, observe que el padre hizo todo lo posible para que el hermano mayor entendiera lo que estaba pasando. Él le hizo entender que todo cuanto había en la hacienda le pertenecía a él, pero había algo que estaba por encima de lo material, por encima del poder y de la política barata: el amor de padre hacia un hijo perdido. De igual manera, el liderazgo está por encima de la politiquería barata y no debemos sacrificar una vida por un puesto, por unas elecciones. Hay momentos en los que todo debe quedar fuera: todo rencor, toda ira, todo dolor, y hacer uso de la palabra cuando nos enseña a e ir en busca de la oveja perdida.

(Véase Lucas 15:4.)

Capítulo 6

LA CICATRIZ DEL
SILENCIO

Aun el necio, cuando calla, es contado por sabio.

Proverbios 17:28

Las 7 Cicatrices del Líder

Capítulo 6

La Cicatriz del SILENCIO

Aun el necio, cuando calla, es contado por sabio.

Proverbios 17:28

Todo el pueblo se apersonó para ver el espectáculo. Nada más interesante podría estar pasando en las calles polvorientas de la pequeña ciudad. En las esquinas, la gente comentaba lo ocurrido. Aunque algunos lloraban, la mayoría se envolvía en el morbo y la murmuración. «¡Lo *van a juzgar; ahora veremos cómo le irá!*» Por su parte, el reo se negaba a hablar; sus labios estaban sellados como una ostra del mar muerto.

El juicio era un hecho

Cuando amaneció, todos los jefes de los sacerdotes y los ancianos de los judíos se pusieron de acuerdo en un plan para matar a Jesús. Lo llevaron atado y se lo entregaron a Pilato, el gobernador romano. *(Mateo 27:1-2)*

Cuando las cosas están armadas, hay poco que argumentar. Sin embargo, nuestro espíritu de lucha no nos deja estar en silencio. Buscamos todos los medios para que alguien escuche nuestra causa. Los demás pueden escucharnos, pero esto no significa que nos den la razón. Muchas de nuestras palabras se convierten en argumentos para nuestros detractores. Mientras más nos defendemos, más complicamos el proceso. Hay un dicho que Hollywood ha popularizado en las películas de policías, que es parte de los derechos fundamentales de los seres humanos: *«Tiene derecho a guardar silencio, de lo contrario, todo lo que diga puede ser usado en su contra».*

Cuando el líder ha sanado las heridas de la indiscreción y la autodefensa, lleva en su cuerpo la cicatriz del silencio. Se da cuenta de que las conversaciones pueden traer consigo muchos inconvenientes. El líder auténtico se hace un maestro de la discreción; se hace una caja fuerte de información. Es a él a quien todo el mundo va a acudir para contarle sus inconvenientes; es allí donde la gente irá a buscar y a llevar información. El líder sabe lo que pasa en la vida de todo su grupo, y las informaciones que son ciegas para los demás, están a su vista. Por tal razón, aprender a callar es algo imprescindible en un liderazgo sano.

Jesús estaba allí frente a Poncio Pilato. Hay una interrogante que se desprende de la conversación entre Jesús y Pilato: ¿Convencería Jesús a Pilato de que él era inocente? ¿Estaba buscando Pilato la información para ayudar a Jesús o para abrir más la brecha entre él y sus acusadores? No sabemos. Pero por los resultados, más adelante veremos cómo reaccionó Jesús.

El tema del silencio es fundamental en el proceso de crecimiento del líder. Cada palabra que pronuncia un líder tiene un efecto trascendental en la vida del equipo o del pueblo. Si el jefe de un estado tiene una opinión sobre todos los aspectos de la vida y la expresa constantemente, entonces cometerá muchos errores. Por eso el refrán dice: *«El que mucho habla, mucho yerra»*, y el libro de Proverbios señala: *«En las muchas palabras no falta pecado; mas el que refrena sus labios es prudente».* *(Proverbios 10:19)* Y *«El que carece de entendimiento menosprecia a su prójimo; mas el hombre prudente calla».* *(Proverbios 11:12)* Hacer silencio es parte del código de prudencia de un líder. Este es un ejercicio muy doloroso en vista de que al líder no le faltan las oportunidades para hablar. Siempre hay un tema, siempre hay una queja, un razonamiento diferente, algo que nos incita a verter nuestro punto de defensa, nuestras ofensas y agravios. La cicatriz del silencio nos acompaña y nos enseña las consecuencias de una palabra fuera de lugar.

Mientras los jefes de los sacerdotes y los ancianos lo acusaban, *¡Jesús no respondía nada!* *(Mateo 27:12)* ¿Cuánto podemos aprender de esa actitud? ¿Cuál habría sido nuestra reacción ante un hecho como este? Supongamos que usted está en el lugar de Jesús; es inocente; lo único que ha hecho es el bien; ha sanado a muchos, ha alimentado a más de 5 mil personas en varias ocasiones

(Juan 6:1-14), se ha conducido con decencia en el pueblo, ha respetado el tema de los impuestos y ha ido a la sinagoga todos los sábados. Es el ejemplo que todos queríamos ver. Pero ahora le acusan hombres llenos de errores, personas que no tienen cómo compararse con usted. Le señalan, cuando usted tiene toda la razón.

¿Cuál sería su reacción? No sé la suya, pero posiblemente yo habría dicho varias cosas, habría estructurado un discurso apologético, para hacer ver a todos que están equivocados. ¿Habría ganado la discusión? Posiblemente sí, pero, ¿habría impedido que me condenaran? Claro que no. La condena estaba lista, no había mucho que decir, todo estaba resuelto.

Muchas personas no saben que, en la mayoría de las ocasiones, los juicios vienen con su condena redactada. Los jueces tienen sus decisiones preconcebidas respecto del asunto en particular. El trabajo de los abogados es importante, pero no define la idea que un juez tiene del caso. Lo mismo en la vida: nuestra labor de defensa muy escasamente aporta algo más que duda. Mientras más se defiende, sobre todo fuera de los escenarios

El líder sano se hace un maestro de la discreción.

dados para esto, entonces más dudas se crean alrededor. No quiero decir con esto que debemos entregarnos ante un ataque o juicio; lo que básicamente quiero expresar es que hay que expresarse sólo en el escenario dado para ello. Si usamos a los miembros del grupo para argumentar y enterarlos de las interioridades del problema, algunas de estas personas serán tan afectadas por el incidente, que preferirán mejor irse del grupo antes que verse en una discusión. La información que maneja el líder puede ser muy clasificada. Si éste, herido por los inconvenientes, deja fluir la información al grupo, entonces está violando un código de honor de liderazgo. El líder sano se prepara toda la vida para manejarse en el momento en el que sale del liderazgo.

Las preguntas de Pilato

Pilato le preguntó: *«"¿No oyes todo lo que están diciendo contra ti?" Pero Jesús no le contestó ni una sola palabra. De manera que el gobernador se quedó muy extrañado».* *(Mateo 27:13-14)* El gobernador estaba muy sorprendido; no era el tipo de acusado que estaba acostumbrado a ver. En primer lugar, tenía un acusado de quien había oído hablar cosas buenas. En segundo lugar, su reo no argumentaba, no se defendía y no buscaba detractar a sus acusadores. *«¿Qué tipo de hombre es este?»,* se preguntaría Pilato.

Alguien dijo: *«Cuando cometes un error, tus amigos no necesitan explicaciones y tus enemigos no las aceptarán».* En el caso de Jesús, él no había cometido ningún error. Las personas que lo conocían, sabían perfectamente lo que él era; quienes lo acusaban, también. El tema no era que ellos no supieran, simplemente que le estaban levantando una calumnia, y ante la calumnia hay pocos argumentos que valgan, pues usted está peleando contra la mentira. Es como entrar en un mundo de fantasías, donde la verdad no existe, todo es ilusión. En un mundo de calumnia, argumentar con la verdad es algo parecido a echar perlas a los cerdos.

¿Cuál es la mejor actitud ante un grupo calumniador, que tiene el poder para hundirte y el deseo de hacerlo? ¡La cicatriz del silencio! Esta es el camino cuando nos hieren con mentiras e injurias.

Cuatro ventajas del silencio

Primera: *Evita que se extienda el conflicto.* Eclesiastés dice que hay tiempo de hablar y tiempo de callar, y es cierto. *(Eclesiastés 3:7)* Cuando hablamos de callar, no nos referimos a que nunca se debe hablar, lo que decimos es que debemos hacerlo en el momento oportuno. En un conflicto, mientras menos palabras se digan en el camino, más fácil será resolverlo. *«La blanda respuesta quita la ira; mas la palabra áspera hace subir el furor.»* *(Proverbios 15:1)* Hemos visto cómo una simple palabra, ante un momento de ira, enciende la llama que provoca la muerte de una persona. El problema no fue el conflicto, fueron las palabras sucesivas al mismo.

Segunda: *Nos hace ver como personas sabias y prudentes.* *«Aun el necio, cuando calla, es contado por sabio;»* *(Proverbios 17:28)* Y es así; en un conflicto de intereses, el que más habla da la impresión de que es el que no tiene la razón. Si usted tiene la razón, ¿por qué se defiende tanto? Igual diría la gente, «*Si no tienes la razón, ¿por qué te defiendes?*» El punto de esta cicatriz sugiere que usted sólo debe defenderse si realmente vale la pena hacerlo. «*Nunca respondas al necio de acuerdo con su necedad, para que no seas tú también como él. Responde al necio como merece su necedad, para que no se estime sabio en su propia opinión.*» *(Proverbios 26:4-5)* Responder sabiamente requiere tiempo y usar las palabras adecuadas.

Tercera: *Nos impide cometer errores.* Cuando surge un problema, nos vemos en la tentación de defendernos. En este proceso podríamos confundirnos en cuanto a quiénes son nuestros acusadores y empezar un ataque contra las personas que no son los verdaderos acusadores. Al hablar, cometemos el error de incriminarlos falsamente, y quienes eran neutrales en el problema ahora pasan a la fila de los adversarios. Esto, por usted abrir la boca.

Cuarta: *Nos da tiempo para orar y reflexionar.* Cuando hacemos silencio, empezamos a descubrirnos y buscar en nuestro interior cuál es nuestra cuota de responsabilidad en el conflicto. Difícilmente su caso sea igual al de Jesús; casi siempre tenemos una cuota de responsabilidad. A veces son pequeños detalles, otras veces somos realmente culpables y no nos gusta admitir nuestra culpa. Nunca espere compasión, cuando usted ha cometido un error. Si usted ha fallado, simplemente ha fallado; haga corto el camino y admita su responsabilidad. Por ejemplo, si se perdió un tomate, y las personas dicen que se perdieron cinco. Lo cierto es que no debió perderse ninguno y está mal que se haya perdido uno. No justifique su falta en las mentiras de los demás; usted sabe que se perdió un tomate, y sabe que fue su culpa, así que no busque más argumentos y admita que se perdió. Haya sido uno o hayan sido varios, asuma su responsabilidad; el resto es silencio.

Huyendo y callando

Cuando Absalón conspiró contra su padre David, a fin de derrocarlo y quedarse con el reinado, la reacción del rey fue la huida y el silencio. Tomó una mula, dejó el espacio abierto, y se fue a un lugar de meditación. El líder se toma un tiempo de reflexión; evita los comentarios con otras personas y las reuniones para hablar del tema. Simplemente, va a Dios en oración y expone su causa. Si no conoce a Dios o no cree en él, de igual forma, lo mejor es esperar el tiempo adecuado antes de reaccionar.

Volviendo a Jesucristo, Pilato le preguntó: *«"¿No oyes cuántas cosas testifican contra ti?" Pero Jesús no le respondió ni una palabra; de tal manera que el gobernador se maravillaba mucho.» (Mateo 27:13-14)* Jesús insistió en no hablar, en no abrir la boca. A él no le importó lo que dijera la gente o lo que dijera Pilato, simplemente no habló.

Aquí Pilato le dice algo muy común en el proceso de conflicto: *«¿No oyes todo lo que están diciendo contra ti?»* Es posible pensar que no vamos a decir nada, pero cuando vemos todo lo que la gente está diciendo, de nosotros no se nos quita la tentación de tronar y aclarar las cosas. El problema con esto es que no todo lo que se dice que la gente está hablando de nosotros es lo que realmente se está diciendo. En medio del conflicto, salen a relucir muchas palabras, unas ciertas y otras no. No use su lengua para detractar a personas; no acepte el comentario que se supone ellos dijeron. Evite de esta forma buscarse enemigos innecesarios. Cada vez que usted abre la boca en contra de alguien, se buscará más contrarios.

Jesús sabía manejarse en esta situación. En una ocasión los discípulos de Juan el Bautista fueron a él y le dijeron lo siguiente: *«Dice Juan el Bautista que si tú eres el Cristo o esperamos a otro».* Jesús se tomó su tiempo en contestar. Lo hizo con delicadeza: *«Id, y haced saber a Juan las cosas que oís y veis. Los ciegos ven, los cojos andan, los leprosos son limpiados, los sordos oyen, los muertos son resucitados, y a los pobres es anunciado el evangelio; y bienaventurado es el que no halle tropiezo en mí».* *(Mateo 11:4-6)* Jesús no ataca a Juan, sino que va a los hechos. Pero lo que más aplica en este aspecto es lo que él dijo respecto de Juan, después de que se fueron los discípulos. Él no lo denigra, no lo cuestiona, como quizás esperaban algunos, sino que lo edifica cuando dice: *«De cierto os digo: Entre los que nacen de mujer no se ha levantado otro mayor que Juan el Bautista».* *(Mateo 11:11a)* Esta debe ser la actitud del líder: edificar a todos los que pueda.

Volvemos al caso de Jesús ante Pilato. Consciente de todo esto, Jesús no abrió la boca. Todo lo que él quería decir a sus detractores, se lo dijo personalmente. No necesitaba intermediario, ni iba a usar este momento para descargar su ira. Jesús hizo silencio absoluto, al punto de que Pilato quedó muy sorprendido.

> *Mas él herido fue por nuestras rebeliones, molido por nuestros pecados; el castigo de nuestra paz fue sobre él, y por su llaga fuimos nosotros curados. ... Angustiado él, y afligido, no abrió su boca; como cordero fue llevado al matadero; y como oveja delante de sus trasquiladores, enmudeció, y no abrió su boca. (Isaías 53:5,7)*

Guardar silencio no nos elimina; nos hace más fuertes internamente. Muchos de los grandes hombres de la historia han tenido que guardar silencio y tomar un tiempo para sí mismos. Hay que dejar que las acusaciones y las trifulcas internas fluyan y se deshagan. Si Dios lo permite, a su tiempo estaremos en el lugar que nos corresponde. A veces esto toma años, en otras ocasiones son días, pero siempre es bueno cicatrizar con el silencio nuestras heridas más profundas.

Capítulo 7

LA CICATRIZ DE LA
HUMILLACIÓN

...Sino que se despojó a sí mismo,
tomando forma de siervo,
hecho semejante a los hombres;
y estando en la condición de hombre,
se humilló a sí mismo,
haciéndose obediente hasta la muerte,
y muerte de cruz.

Filipenses 2:7–8

Capítulo 7

La Cicatriz de la
HUMILLACIÓN

*Sino que se despojó de sí mismo,
tomando forma de siervo,
hecho semejante a los hombres;
y estando en la condición de hombre,
se humilló a sí mismo
haciéndose obediente hasta la muerte,
y muerte de cruz.*

Filipenses 2:7-8

¿Qué es la humillación? La **humillación** es el acto por medio del cual una persona es avergonzada, generalmente en público. Se considera humillación cualquier tipo de acto que denigre públicamente de las creencias de un ser humano, al igual que su cultura, sexo, raza, religión, forma de pensar, nivel económico, conocimiento. *(es. wikipedia.org/wiki/Humillación)* En tal sentido, siempre que hablamos de humillación, pensamos que es un acto forzado en donde alguien denigra nuestra persona. Pero también es humillación el acto por el cual usted mismo pone su persona a los pies de otra, con la finalidad de salvar una relación. Veremos a continuación la diferencia entre humillación y humildad, así como otros aspectos que nos ayudan a entender el poder que tiene el humillarnos.

No es humildad, es mucho más que eso

La humildad es un atributo humano, no es un acto de la persona, y esas son dos cosas diferentes. Usted puede ser una persona humilde pero nunca humillada. La humildad es una prenda, una fachada. Cuando mostramos de una manera práctica y real la humildad es cuando hemos sido capaces de humillarnos.

Muchas personas muestran ser humildes; ceden sus puestos en las filas, hablan muy bajo, no ofenden a nadie y se muestran apacibles, incapaces de herir a alguien; sin embargo, cuando a estas mismas personas se les ofende, o se les quita el derecho que les corresponde, es ahí donde nos damos cuenta de si realmente actúan con humillación. El Señor expresa en Mateo 5 que si le quitan la túnica, dele también la capa. Cuando él nos manda a caminar dos millas con él que nos obligue a llevar carga por una, caminar una milla es ser humilde, caminar dos es humillarse. La mayoría de los conflictos en los grupos viene luego de caminar la milla correspondiente; de ahí en adelante muy pocos están dispuestos a dar una milla extra para salvar una relación. Lo lógico es que cuando en la vida real alguien quiere que caminemos esa milla extra, lo consideremos como un abuso, algo inaceptable. Sin embargo, la milla extra es el principio más poderoso para salvar una relación, y representa la anulación de la raíz del conflicto, que es el egoísmo. Las motivaciones que mueven a la otra persona a pedir la milla extra, a veces son causadas por un vil egoísmo, pero otras veces son motivadas por razones que al menos ellos mismos entienden valederas. Es por eso que al caminar la milla extra, nos humillamos, y así quitamos de en medio la raíz del conflicto, lo cual sería imposible si alguien en el camino no tiene el coraje y la capacidad de humillarse.

La humildad es un atributo humano que muchas veces nunca se usa. La humillación es el acto en el que ponemos en uso nuestra humildad.

La humillación es una cirugía sin anestesia

Cuando nos humillamos, sufrimos moralmente como si nos estuvieran haciendo una cirugía a sangre fría. Es sumamente doloroso —y debe serlo—, pues al humillarnos es cuando más nos parecemos a Cristo. Nos toma años poder ejecutar esa decisión. Tal vez para todo el mundo somos humildes, pero nunca nos hemos humillado. ¿Somos humildes? Lo real es que este acto es tan doloroso, que preferimos olvidar el problema y hacernos de la vista gorda ante el conflicto, el dolor o la impotencia.

La humillación es la verdadera tesis de grado de un líder

Es también su graduación, su diploma y su mayor herramienta de trabajo diario. Nos pasamos años en los seminarios, estudiando para ser pastores o ejecutivos; también vamos a la universidad, hacemos postgrados, maestrías y doctorados, pero en ninguna de las asignaturas se nos enseña tácitamente a humillarnos. En mi experiencia personal, lo que he podido ver es que mientras más aprendemos, más nos cuesta humillarnos, más nos cuesta desprendernos de nuestras coronas y tirarlas a los pies del cordero. Por eso Apocalipsis expresa que los 24 ancianos tiraron sus coronas. *(Apocalipsis 4:4, 10-11)* Si usted se fija, fueron ellos los más grandes, los más nobles, los que representaban la mayor jerarquía en la patria celestial, pero se despojaron de sus coronas, que representaban su premio, su poder, su distinción, y las depositaron a los pies del cordero. Humillarnos ante Jesús resulta fácil, pues él no nos golpea, no nos maltrata, sí nos escucha. Pero cuando nos toca humillarnos ante un ser humano igual a nosotros, alguien con debilidades y flaquezas idénticas a las que todos tenemos, y cuando las cosas se ponen difíciles, es ahí cuando vemos a los 'grandes líderes' reprobar, porque a nadie le gusta deshacerse de sus coronas. Nos aferramos tanto a ellas que pasan a ser parte de nosotros como una extensión de nuestro propio cuerpo.

Hace unos años ofendí a una persona con un comportamiento inadecuado de mi parte. Su molestia fue tan profunda, que tuvo algunas reacciones más allá de la misma ofensa. Sus reacciones me ofendieron, pues excedieron las palabras. Sin embargo, dos años después, al recibir la revelación del Señor sobre la necesidad de humillarnos, empecé a hacer un inventario de cosas como estas y concluí que necesitaba hablar con esa persona y reconocer, sin excusas ni justificaciones, que mi hecho era contrario a los principios que yo mismo predicaba. Hice una llamada y expuse mi discurso de humillación.

Cuando humillarse no resuelve el problema

Humillarse es extremadamente doloroso, pero eso no hace que quien recibe nuestra solicitud de disculpas la acepte. Está en pleno derecho de no disculparnos. Podrá reaccionar conforme a sus propias convicciones, y algunos nos aceptarán, pero otros no. Este es el tercer grado de la humillación. Cuando empezamos a escuchar la andanada del otro, cuando oímos su fuerte voz protestando y diciendo todo cuanto tiene por decir, allí tendido en el suelo y masticando el polvo, todavía no es suficiente. A veces también uno recibirá el golpe de gracia de aquel que no acepta ninguna humillación. Ese es precisamente el mayor temor a humillarnos: ver la sonrisa burlesca de nuestro 'enemigo' en su rostro.

Cuando Jesús fue entregado, caminó la vía dolorosa, paso por paso, desde el principio hasta el final. Su humillación fue cada vez más degradante, más dolorosa, y nadie se compadeció de él. Las palabras se oían retumbar en los oídos, «*Salve rey de los Judíos*», en tono de burla. Jesucristo no esperó que se compadecieran de él, Jesús estaba consciente de cómo piensa el ser humano. Por eso, al decir «*Padre, si quieres, pasa de mí esta copa*», *(Lucas 22:42)* se refería a la impiedad humana. Es por la misma razón que el rey David al ser juzgado dijo que prefería ser juzgado por Dios y no por los hombres. *(1 Crónicas 21:13)*

El pensamiento del hombre es la destrucción de su enemigo, aplastar a todo el rebelde, destruir a todo aquel que se levanta en su contra. Pero Jesús dijo: «*Ustedes han oído que fue dicho: "Amarás a tu prójimo, y odiarás a tu enemigo." Pero yo les digo: Amen a sus enemigos.*» *(Mateo 5:43-44 RVC)* ¡Esto es humillación! Llegar a amar tanto a Dios, que

La humillación es lo que define la grandeza de un líder; es donde muestra cuánto ha crecido, cuánto ha aprendido, y es a través de esta que podemos mostrar que somos líderes genuinos, capaces de inspirar a otros.

seamos capaces de amar a nuestros enemigos. Este es el desprendimiento de nuestro ser moral.

Si hubiera un órgano que representara tal orgullo en nuestro cuerpo, éste se desprendería. Por medio del profeta Ezequiel Jehová dice: *«Les daré un corazón, y un espíritu nuevo pondré dentro de ellos; y quitaré el corazón de piedra de en medio de su carne, y les daré un corazón de carne».* *(Ezequiel 11:19)* Es imposible hacerlo desde la perspectiva humana; tiene que ser por la ayuda de Dios. Actuar fuera de este contexto es actuar en la propia concupiscencia del hombre mundano, que dice: *«Ojo por ojo y diente por diente».* *(Citado de Éxodo 21:24.)*

ALGUNOS EJEMPLOS DE HUMILLACIÓN

Un orgulloso con lepra

El rey estaba cansado de ver a aquel hombre, porque a pesar de que éste fue un hombre valeroso y de su jerarquía en el ejército, aquel señor tenía lepra. Apareció alguien que le dijo que en Israel había quien le podría resolver el problema. De inmediato éste hizo los arreglos diplomáticos para partir. Consiguió una carta consular y se fue rumbo al país que le podría ofrecer la solución a su problema de salud. Al llegar a Israel, fue directo al rey y le entregó la carta de presentación, la carta del orgullo, la carta del poder, la carta de las influencias políticas. Sin embargo, aquella carta no pudo hacer nada; por el contrario, el rey quedó ofendido y dijo: *«¿Cómo es posible que le pidieran esto a un rey; acaso soy yo Dios para sanar?»* *(Palabras del autor de 2 Reyes 5:7.)* El rey rechazó la petición por su incompetencia. Al menos este rey admitía que algunas cosas estaban fuera de su poder.

El profeta Eliseo escuchó sobre el tema y mandó a buscar al General de Asiria, llamado Naamán, para sanarlo. Aquel hombre todavía no había aprendido la lección de la humillación; se mantenía firme en su orgullo de general, y prefería sufrir a humillarse. El alto militar llegó a la puerta del profeta, esperando que aquel profeta saliera de su casa, hiciera un acto de reverencia y le dijera: *Señor General de Asiria, lo que usted tiene ni siquiera es lepra, es simplemente la*

La humillación es el acto moral más doloroso que puede realizar un ser humano

piel blanca. Le daré siete vueltas a su caballo, me postraré ante el Dios altísimo y usted quedará sano. Gracias por concederme el alto honor de orar por usted. Muy por el contrario, el profeta ni siquiera salió para saludarle. Más bien, guiado por el poder del Espíritu, mandó a decirle: *«Usted debe bañarse; vaya al río Jordán y no sólo se bañe una vez, hágalo siete veces y entonces quedará sano».* Esas fueron en paráfrasis sus palabras *(véase 2 Reyes 5:10);* no abundó, no justificó, no esperó ofrenda ni medió palabra. Desde luego, el militar se sintió muy ofendido y desairado y dijo: *«En mi país hay ríos mejores que éste. Yo creía que él iba a venir y me iba a rendir los honores de lugar y luego me iba a sanar».* Y decidió no bañarse. Pero Dios tuvo misericordia de él, y un joven criado le dijo: *«¿Por qué no lo intentas?; ¿qué tienes que perder?*» Finalmente, el hombre se humilló, fue y se sumergió en el río de la humillación. *(2 Reyes 5:11-14)* Hasta ese momento había sido un hombre educado, atento, respetuoso y posiblemente 'humilde' ante los ojos de todos sus compañeros, pero incapaz de humillarse. Ese día, cuando descubrió el secreto de la humillación, su cuerpo quedó limpio y su mente también. Ese día Dios restauró lo que hacía mucho tiempo estaba dañado, y llegó la felicidad a su vida. Ese día Naamán empezó a ver la vida con unas gafas diferentes, con un color y un sabor absolutamente frescos.

La humillación limpia nuestro cuerpo y también limpia nuestra mente. Cuando logramos humillarnos, ríos da amargura son conducidos fuera de nuestro ser; toda la hiel, toda la toxicidad y el dolor salen fuera, y la vida cambia. Es imposible que se abran cambios significativos en la vida del líder hasta tanto este no aprenda a humillarse. De ahí el verso que dice: «*El que se humilla será enaltecido*». *(Mateo 23:12 RVR 1960)*

De líder a siervo

«*Queremos un rey, un rey que nos lleve a la batalla. Queremos uno como los demás. Tú estás viejo, y tus hijos no te van a sustituir debido a su mala conducta. ¡Queremos un rey fuerte y valiente! Tú eres anciano, tú eres débil.*» Esas fueron en paráfrasis las palabras que le dijo el pueblo a Samuel. *(Paráfrasis de 1 Samuel 8:5)* Si usted trata de ponerse en los pies de Samuel, verá la amargura de esa copa. Ahí tenemos una evidencia más de la acidez del pueblo para con sus líderes. Cuando los seguidores no le quieren a usted, algunos buscarán paños tibios para decírselo, pero otros lo harán con tanta dureza, que sus palabras serán como heridas de vidrio en sus oídos. Le dirán frontalmente que no le quieren, sin ninguna compasión, sin delicadeza, sin diplomacia. Eso es tan denigrante, y duele tanto, que muchas veces nuestra familia nunca se recupera de esos golpes. Pero otra vez, eso es parte del liderazgo. Los presidentes aprenden a salir de su mandato. Parte del pueblo los quiere, otros los odian, pero ellos deben amar a todo el pueblo. Samuel, a pesar de su mirada perdida y su carne ardiendo, mantuvo su actitud apacible, y fue a Dios. Y Dios le dijo lo siguiente: *«Ellos quieren rey; les daremos rey. El problema no es contigo, es conmigo».* *(Paráfrasis de 1 Samuel 8:7)* Usted dirá: *«Bueno, si Dios dijo eso, había que hacerlo».* Y Samuel estuvo dispuesto a humillarse y pasar el mando a otro, a pesar de que no fue la mejor opción. Pero más adelante, hay un ejemplo bíblico que nos demuestra que no siempre el hombre está dispuesto a humillarse, aunque Dios se lo diga. Cuando Saúl fue desechado por Dios, no se humilló, sino que continuó intentando cambiar la voluntad de Dios e hizo todo cuanto pudo para lograrlo. Pero, ¿podrá el hombre luchar contra Dios y salir victorioso? De ninguna manera: lo único que logró Saúl al no humillarse ni retirarse del poder, fue destrucción y juicio para él y para el pueblo.

Samuel, por el contrario, hizo lo que Dios le mandó, y él mismo tuvo que ungir un nuevo rey, entregándole el poder. No resulta muy fácil esta tarea. A los seres humanos nos gusta *irnos*, pero no nos gusta *que nos saquen*, nos gusta *renunciar*, pero no *que nos pidan la renuncia*. En cambio, la humillación nos enseña a tener un concepto más cristiano y menos humano de nosotros. Cristo dice: *«Niéguese a sí mismo, y tome su cruz, y sígame».* *(Mateo 16:24 RVR 1960)* El apóstol Pablo dice: *«Nada hagáis por contienda o por vanagloria; antes bien con humildad, estimando cada uno a los demás como superiores a él mismo.»* *(Filipenses 2:3)*

Nuestro gran problema es que nos están enseñando a amarnos a nosotros mismos, incluso en muchas congregaciones, se nos enseña que tenemos que amarnos mucho para poder amar a otros. Lo cierto es que Jesús nos dijo: *«Toma tu cruz y sígueme».* Decir *«toma tu cruz»*, no es lo mismo que decir *«toma tu traje de baño».* El único propósito de una cruz es crucificar a alguien. La pregunta es: *«Si es la cruz de usted, ¿a quién deberían crucificar en ella?»* Bueno, esto sugiere que estamos hablando de un sacrificio personal, y ¿qué es lo que vamos a sacrificar? ¿Nuestro cuerpo? ¡Claro que no! Lo que vamos a sacrificar en nuestra cruz es nuestro amor por nosotros mismos, nuestro egoísmo, nuestro orgullo, para permitir que se cumpla el propósito de Dios, aunque no lo entendamos, aunque sea contrario a nuestros sentimientos y a nuestro deseos.

> *Esto es humillación, que amamos tanto a Dios que estamos dispuestos a humillarnos ante nuestros enemigos por amor a él.*

¿Ha sido su trabajo un tiempo perdido?

Cuando Samuel fue ungido como profeta y luego como juez de Israel, jamás pensó que sería rechazado por el pueblo, ni que entregaría su poder a una persona menos capaz que él.

Pero, Dios tenía sus propósitos misteriosos; sus caminos no son nuestros caminos, y por eso no siempre los entenderemos. *(Isaías 55:8)* Quizás nos toque entregar nuestro cargo a alguien menos preparado que nosotros, a una persona que a nuestra vista no tiene nada que aportar, que podría llevar la institución a la perdición, lo cual nos crea un temor inmenso. Todo aquello por lo que hemos trabajado, todo nuestro esfuerzo, nuestra visión, podría irse a la basura.

Sin embargo, Jesús dijo: «*Sobre esta roca edificaré* **mi** **iglesia**». *(Mateo 16:18)* No es 'nuestra iglesia' o 'nuestro grupo'. A veces creemos que las instituciones son nuestras, pero con el tiempo vemos que las instituciones llegan más allá de nosotros y ¡qué bueno!, porque eso nos hace seres finitos y humanos. No tenga miedo de ser prescindible. Si usted es imprescindible, se hace necesario que se vaya, para que venga otro que forme líderes y sucesores, porque definitivamente usted no lo hizo. Dios tiene pleno control de todo. En la congregación que dirijo a veces las cosas marchan mejor en mi ausencia, y es fabuloso. Eso me hace ver que la iglesia es de Dios, no mía. Samuel lo entendió cuando Dios le dijo: «*No te han desechado a ti, sino a mí*». *(1 Samuel 8:7)* El Señor nos enseña que la obra es Suya, en las buenas y en las malas.

Las consecuencias de la falta de humillación

Cuando la herida de la altivez queda abierta, se convierte en una entrada perfecta para el señor de las moscas. Él usará las moscas para poner larvas en ella. Si usted quiere un sinónimo de altivez, escriba la palabra 'Satanás'. Él trae con ella todo el dolor que padece la humanidad. Por eso la falta de humillación produce:

Arrogancia. Aunque parezcamos humildes, tenemos un corazón lleno de arrogancia, la cual va a fluir en un momento. Es como la de Job. Él pudo soportarlo todo, pero cuando llegaron los amigos y cuestionaron su vida, fluyó su arrogancia y sus labios pronunciaron palabras irrepetibles. *(Job 3:1-26)* Todo esto vino, porque es fácil humillarnos ante Dios, pero es sumamente difícil humillarnos ante los hombres.

Conflicto. Si no estamos dispuestos a humillarnos, el conflicto nos acompaña, nos persigue y nos atrapa. La primera guerra mundial vino a raíz de la muerte de un hombre —esto fue el detonante— y todos los conflictos que se han suscitado en la humanidad —en las familias, en las empresas, en las iglesias— vienen por el hecho de que alguien no está dispuesto a humillarse. Y aquí me merece hacer algunas interrogantes: ¿Qué hacemos con los tiranos? ¿Nos humillamos ante su bota opresora? ¿Nos doblegamos ante su injusticia? La cicatriz de la oración nos explica esto.

División. Tengo 40 años de edad, y en ese tiempo he visto tantas instituciones, familias, sociedades e iglesias

133

dividirse, que superan mi memoria. En todas hay un elemento común: la falta de humillación. La humillación salva, la altivez divide. La humillación restaura, la altivez destruye; la humillación devuelve, la altivez toma. La humillación es el aceite caliente que pasa el pastor sobre nuestra cabeza. Es imposible que él pueda ungir nuestra cabeza, si ésta está altiva. Sólo con la humillación podemos bajar la cabeza y permitir que su tibio bálsamo calme nuestras iras internas.

Pérdidas. El liderazgo es sumar y multiplicar, nunca dividir o restar. Pero la altivez resta y divide. Hace un tiempo dos parejas simultáneamente me dijeron que se querían ir de la iglesia. Una me lo dijo de frente, otra no me lo dijo nunca, pero sus hechos me confirmaron sus deseos. Ambas estaban irritadas con algunas de mis actuaciones. Esto es normal; suelo equivocarme. Me tocó ir donde ambas parejas, por separado. En cada una de ellas uno de los participantes tenía la voz cantante, pero tenga presente que si usted hiere a uno de la familia, hiere a la familia completa. Conversé con las dos personas, me humillé y les pedí mis disculpas por no observar sus puntos de vista, y oramos juntos. ¿Hoy qué tengo? Tengo en ellos a dos de las parejas más comprometidas en la congregación, en todos los órdenes; pero también puedo decir que en ocasiones hubo personas que decidieron irse, y lamentablemente las perdí, por no aplicarme el bálsamo de la humillación.

La altivez trae pérdida de tiempo, de personas y de recursos. Podemos perder en un momento lo que nos ha costado toda una vida construir, por no soportar un momento de humillación.

El reino de las tinieblas se manifiesta

No hay un lugar más jugoso para Satanás que la tierra de contiendas. Él vino para matar, robar y destruir. Existen unas aves cuya presencia sólo es visible cuando hay olor a muerte. Ellas caminan por muchos lugares, pero sólo se detienen donde hay olor a muerte. Satanás habita en medio de las contiendas, del orgullo y de la altivez. Cuando no nos humillamos, podríamos convertirnos en uno de sus instrumentos para provocar daños irreversibles a las instituciones, las familias y las personas.

LOS BENEFICIOS DE UNA GENUINA HUMILLACIÓN

Nos identificamos con Cristo

Al humillarnos se cumple en nuestras vidas el hecho de que estamos crucificados conjuntamente con Cristo y ya no vivimos nosotros, sino que él vive en nosotros. En ese momento todo su poder y gloria se hacen presentes, pues le glorificamos a él en medio de nuestras lágrimas. Estas lágrimas no las derramamos por temor, ni siquiera por amor al prójimo; lo hacemos por obediencia a Jesús, quien dijo: «*Si alguien te ha ofendido, antes que tu ofrenda, quiero tu humillación*». *(Paráfrasis de Mateo 5:24.)* Es más fácil dar y hacer cosas para Dios que humillarse ante un ser humano. Aunque Dios hizo al hombre, cuando se encarnó, no buscó ser el más hermoso de los hombres. La Biblia dice en Isaías 53 que no tuvo ningún parecido, no había ninguna belleza en él; fue despreciado por todos, se hizo vil, se hizo injusto, y todo eso lo hizo por usted y por mí. *(Isaías 53:2-3; 2 Corintios 5:21)* Lo hizo para salvar nuestra relación con Dios. *Humillarnos es nuestra más alta identificación con Jesús.*

Salvamos las relaciones

Los motivos reales de todos los conflictos casi nunca son los que se dicen. En el fondo, los conflictos vienen por pugnas internas, malas percepciones, odios, rencores y heridas sin cerrar. Muchas veces se ve en las personas que hay un interés material, o de poder, o de oportunidad, pero lo que realmente existe es un gran anhelo de ser reconocido, y a la misma vez una inmensa necesidad de que alguien se humille. Esa es la figura de la expiación; alguien tiene que morir por este hecho, alguien tiene que humillarse.

En el capítulo 15 del evangelio según San Lucas, hay tres ilustraciones que el Señor hace sobre el proceso de salvación de las relaciones, y las tres, en algún sentido, sugieren un proceso de humillación en el cual hacemos todo lo posible para que nuestras relaciones permanezcan. El propósito de estas ilustraciones básicamente es mostrar cómo Dios está preocupado por el hombre perdido y cómo se alegra cuando una persona perdida es encontrada. Es excelente ejemplo de lo que nosotros debemos hacer con las relaciones que están a punto de perderse.

La primera ilustración habla de la oveja perdida. En ella el padre nos enseña cuán significativa es una sola de las personas que componen el grupo, y cuánto esfuerzo ha de hacer el líder en pos de no perder a las personas. Aquella oveja pudo haberse perdido por múltiples razones, sin embargo, el pastor ignora motivos y pone su vista en la razón de ser del líder: rescatar y sumar. Al contar, él sabe que falta una, y esto lo pone en movimiento; va en busca de ella y la trae en sus hombros, con todo lo que eso implica: el olor, el sucio, la sangre, los vahídos y el peso sobre su cuerpo. Este es el costo del liderazgo: tirarnos algunas ovejas encima, lo cual significa que ellos van sobre nosotros, estamos humillándonos para salvar y sumar.

La segunda ilustración tiene que ver con una moneda perdida, y de nuevo se compara con la situación de liderazgo cuando estamos perdiendo y no ganando. Relata el drama de una mujer que tiene diez monedas iguales y pierde una, lo que representa el 10% de lo que tiene. Esto puede ser o no significativo en función de las posibilidades de adquirir más recursos en el futuro. Ahora bien, lo importante es que aquella mujer no quería perder nada e hizo las diligencias necesarias para encontrarla: encendió la lámpara, barrió la casa y buscó con diligencia hasta encontrarla. Aquí vemos de nuevo la humillación: barrer, descender al suelo y buscar por cada rincón algo que para otros puede ser insignificante, pero para nosotros que buscamos sumar, es muy significativo.

Por último, tenemos la tercera ilustración, la del hijo pródigo, aquel hijo que pidió todos sus bienes, se fue lejos del hogar y gastó en mujeres y amigos todo cuanto le habían dado. Cuando se acabó el dinero, se acabó la diversión y también los amigos, y la fiesta, quedó perdido, arruinado, sin ninguna posibilidad de salir adelante, y hasta tuvo que atender cerdos en una pocilga. Era tan triste el asunto, que no podía comer ni siquiera de la comida de los cerdos. Un día pensó que debía regresar. Al menos un padre misericordioso le daría comida. El padre no sólo lo recibió y le dio un abrazo a su hijo sucio, con mal aliento, con hambre, con sudor, sino que lo estaba esperando, lo había esperado todos los días, desde el momento en que partió.

En las tres ilustraciones el asunto termina con una fiesta de celebración por encontrar lo que se había perdido. La frase '*lo que se había perdido*' se pronuncia en algún sentido en las tres ilustraciones: oveja, moneda e hijo. Los tres se perdieron de formas diferentes, pero cuando los encontraron, se restauró una relación y hubo fiesta. En todas las parábolas, hay una humillación del líder: el pastor se pone la oveja encima, la mujer se baja a recoger su moneda y el padre sale a recibir a su hijo. Esta es la alegría de la restauración de una relación. Jesús nos enseña aquí cómo Dios vino a salvar lo que se había perdido. De esto aprendemos cómo el líder debe esforzarse por restaurar las relaciones quebrantadas y cómo para hacerlo tendrá que humillarse en muchas ocasiones.

A veces resulta muy doloroso ir tras personas que se van de nuestro lado y no sólo se van, sino que nos hieren en el proceso: hablan mal, critican nuestras acciones y cuestionan nuestro trabajo. Pero al humillarnos, hacemos patente el ejemplo de Cristo, quien nos amó de tal manera que se dio a sí mismo por nuestra salvación.

Triunfamos sobre el maligno

La herida de Satanás a Jesús estaba escrita: *«Tú le herirás en el calcañar».* *(Génesis 3:15)* Esa herida en el calcañar es una herida dolorosa, y lo cierto es que técnicamente no existe forma de que luego de que algo nos ha herido en el calcañar, nosotros podamos herirlo en la cabeza. Nuestro triunfo sobre Satanás no es un triunfo físico; la guerra se ganó en la cruz, *'el sumo de la humillación'.* Fue allí, en el acto vicario de Cristo, cuando él triunfó sobre Satanás: *«Y despojando a los principados y a las potestades, los exhibió públicamente, triunfando sobre ellos en la cruz».* *(Colosenses 2:15)* Por eso también la palabra dice que nuestras armas no son carnales, sino poderosas para la destrucción de fortalezas que se levantan contra el conocimiento de Dios. *(2 Corintios 10:4)* El triunfo sobre Satanás no es un triunfo físico, es un triunfo moral y espiritual y se logra con la humillación.

Cristo humillado: el ejemplo más grande

Él se humilló a sí mismo; siendo Dios se hizo hombre *(véase Filipenses 2:7,8)* y nos enseñó que el más grande debe hacerse el más pequeño *(Lucas 9:48)*, que debemos servir con la toalla y limpiar los zapatos.

Un señor se hizo millonario a base de mucho esfuerzo y sacrificio, pues procedía de una familia muy humilde. En su preciosa oficina, tenía una caja de limpiar zapatos. Alguien que visitó la oficina le preguntó:

—*¿Por qué tiene usted una caja de limpiar zapatos tan fea en una oficina tan hermosa?*

Aquel hombre le contestó:

—*Yo era limpiador de zapatos por las calles, y todo lo que he logrado, en algún sentido, ha estado relacionado con mi trabajo de limpiabotas. Al humillarme y limpiar los zapatos de las personas, pude conocer a muchos empresarios, a muchos hombres buenos y a muchas personas petulantes. Allí, sentado en mi limpiabotas, pude comparar a todas las personas y ver que muchas veces los que menos tenían eran más arrogantes que aquellos que tenían mucho. Pero también aprendí que los que más tenían eran menos generosos que los que tenían poco. Aprendí a escuchar a las personas y a no sentirme mal por ser pequeño de vez en cuando; aprendí a humillarme y aprendí que, por el hecho de estar allí, no era más pequeño que muchos a quienes les limpiaba los zapatos. Mi grandeza no estaba en mi posición, sino en mi corazón. Con el tiempo eso ha sido confirmado en mi vida, y es por ello que nunca me voy a desprender de mi maestra, la caja de limpiar zapatos.*

A Modo de Conclusión

El liderazgo tiene los mismos desafíos en cualquier área de la vida en donde lo realicemos. Cada líder es un ser especial, a quien se le han conferido dotes exclusivos para serlo, dotes que con el tiempo se van perfeccionando. En lo personal no estoy convencido de que todo el mundo pueda ser un líder. La confirmación de esto es que muchas personas se alejan del liderazgo, lo rechazan y nunca lo aceptan. Por eso, ser líder resulta tan especial y retador. Desde el punto de vista bíblico, nadie puede ser líder por sí mismo. Todos los líderes de la Biblia fueron escogidos y llamados. El ejemplo más elocuente de esto está contenido en estas palabras de Jesús: «*Rogad, pues, al Señor de la mies, que envíe obreros a su mies*». *(Mateo 9:38)* ¿Por qué hay que orar para que Dios envíe obreros donde él sabe que hay necesidad de ellos? ¿Por qué hay que orar para que Dios envíe líderes donde él sabe que hay necesidad de líderes? Es un misterio, pero este misterio contradice el dicho popular de que el líder se hace, no nace.

El líder espiritual ni se hace ni nace; es escogido por Dios y es dotado de toda la gracia para ejercer su liderazgo. Esta gracia no se consigue sólo en momentos de alegría; muchas veces se consigue con en momentos de dolor, con profundas heridas. Sólo cuando entendemos lo inmensa, lo grandiosa, que es la gracia de Dios al hacernos líderes, experimentamos a plenitud lo que el Señor nos dice: «*Todas las cosas les ayudan a bien ... a los que conforme a su propósito son llamados*». *(Romanos 8:28)* Sólo así podremos obedecer, al entender que lo que hacemos no lo hacemos por fuertes, ni por valientes, o por nuestra propia nobleza, pues no hay nobleza humana que pueda soportar el dolor de ciertas heridas. La única cosa que nos puede ayudar a soportar el dolor que nos causan las heridas del liderazgo es el amor a Jesús, el amor que tenemos por él y su palabra. Es allí cuando cobran vida las palabras del maestro a Simón Pedro: *«Simón, hijo de Jonás, ¿me amas más que éstos? ... Apacienta mis corderos».* (Juan 21:15)

¿Qué habría pasado con la vida de José si se hubiera resistido a perdonar? Es evidente que su actitud de perdón de una ofensa tras otra lo llevó a la cima. Creo firmemente que cicatrizar cada herida abierta es lo que nos hace trascender como líderes. No perdonar no sólo nos destruye interiormente, sino que también detiene nuestro crecimiento. El mayor acto de valor es el perdón, pues la Biblia dice que el amor echa fuera el temor. *(1 Juan 4:18)*

Con la historia de David y Goliat somos desafiados a enfrentar todo gigante que se atraviesa en nuestra vida. Aprendemos de David que su mayor virtud no fue la de ganar, sino la de atreverse a ir en contra de la corriente, en contra de aquellos que experimentaban el más pavoroso temor. La victoria es pequeña al compararse con la osadía, con el coraje de aquel diminuto joven que nos desafía a todos a enfrentar nuestros retos. De igual manera, su enseñanza de paciencia nos confronta a ser líderes más cautos, al momento de tomar una decisión, a no dejarnos llevar por los hijos de Sarvia ni por nuestras emociones.

No podríamos nunca resistir el fuerte peso del liderazgo con nuestras propias fuerzas. La fuerza humana tiene límites, los cuales suelen ser muy cortos. Pero la oración no tiene límites. La oración nos aterriza y nos pone en contacto con el suelo, de donde venimos. La oración hace que rindamos la gloria a Dios por nuestros triunfos. Dios no necesita que oremos como un ejercicio físico de vana repetición. Él anhela ver que reconozcamos nuestras limitaciones como humanos y su grandeza como el Ser Supremo. Su justicia jamás es igual a la de los hombres: Él no se parcializa, no tiene preferidos, es enteramente justo. Es de Él de quien debemos aprender a no ser injustos, ni indiferentes al dolor ajeno. Su justicia lo llena todo. No podríamos obrar conforme a sus preceptos si nos parcializamos a favor de nuestros intereses y en contra del derecho de los demás.

El libro de Malaquías es el inicio de 400 años de silencio de Dios. Si Dios calla, ¿por qué no habríamos de hacerlo nosotros, si es tan necesario para un liderazgo sano? Nuestro mayor problema como líderes no viene de aquello que no decimos, viene de lo que sí decimos. Resulta difícil recoger las palabras, luego que salen de nuestra boca. Por eso, nuestra eterna actitud de humillación no debe apartarse de nuestra mente. Humillarse debe ser 'el pan nuestro de cada día' de un líder. Al ofender, o por lo menos cuando otros se ofenden, aun sin razón, la única salida realmente sanadora y que desarma al ofendido es la humillación. Si como líderes no estamos dispuestos a humillarnos, el ejemplo de Cristo se hace vano.

Al escribir este texto he pensado tanto en los líderes, en sus familias, en sus temores y en sus heridas. He intentado que cada historia sea un bálsamo reparador de la vida de aquellos que velan por nuestras almas. He pedido a Dios mucha gracia para que cada una de estas palabras sea de consuelo al corazón de aquellos que leen.

El dejar que estas cicatrices cierren las heridas en su vida de líder, le evitará muchos de los inconvenientes que compartimos quienes hemos guiado a personas. No es fácil aprender con las experiencia de otros, pero creo que es lo más inteligente que podemos hacer.

Este es un libro lleno de contenido bíblico. Debido a eso, parecería que sólo está dedicado a los pastores y a los líderes de la Iglesia; pero, si observamos bien cada cicatriz, estas no son ajenas a la vida de cualquier líder en el mundo; es más, no son ajenas a la vida de cualquier ser humano. Así que, todo aquel que se considere un líder en cualquier dirección puede hacer uso de ellas como un instrumento que le ayudará a estar motivado, a no rendirse por las opiniones ajenas y a desarrollar relaciones duraderas.

145

Que al leer este material,
usted reciba una luz que ilumine sus ojos y su entendimiento,
como fue iluminado el mío en todas las áreas de mi vida,
al momento de recibirlo.

Será un gran privilegio para mí recibir sus comentarios
acerca de este material.

Dío Astacio
Pastor

las7cicatrices@gmail.com
Twitter@dioastacio
Tel.   809-355-6400
        809-712-6400
        809-616-0976
        809-238-0499

¡Qué Dios le bendiga!